침묵의 행성 밖에서

우주 3부작 제1권

침묵의 행성 밖에서

C. S. 루이스 지음

공경희 옮김

홍성사

차
례

이 책에 나오는 **태양계 언어***

글룬단드라 Glundandra 목성.

말라칸드라 Malacandra 화성. 접두사 말라크Malac와 '행성'을 뜻하는 명사 한
드라handra로 이루어진 복합명사.

말렐딜 Maleldil the Young 말라칸드라의 전승에 따르면 세상을 창조하고 통
치하는 신. 위대한 존재인 '옛적부터 계신 이The Old One' 와 함께 산다.

멜딜로른 Meldilorn 오야르사가 사는 섬.

소른 sorn; pl. 세로니 seroni, 소른즈 sorns 키 4~5미터, 가는 체구에 7개
의 손가락이 있다. 높은 지역의 동굴에 살지만 기린을 닮은 가축을 키우기
위해 한드라미트로 내려오곤 한다. 말라칸드라에서 학자 혹은 사상가로서
과학과 추상적인 학문을 연구한다. 기술 수준이 높으며 기계를 고안한다.

아르볼 흐루 Arbol hru 태양의 피(금).

아르볼 Arbol 태양.

엘딜 eldil 영spirit, 천사.

오야르사 Oyarsa 말라칸드라를 통치하는 보이지 않는 존재. 엘딜의 장.

원델론 wondelone (과거에 대해) 그리워하다, 바라다, 간절히 원하다.

크라 crah 시의 마지막 부분.

툴칸드라 Thulcandra 지구. '침묵'을 뜻하는 접두사 툴크Thulc와 '행성'을 뜻
하는 명사 한드라handra로 이루어진 복합명사로 '침묵의 행성'을 의미.

페렐란드라 Perelandra 금성. 접두사 페렐Perel과 '행성'을 뜻하는 명사 한드
라handra로 이루어진 복합명사.

피플트리그 pfifltrigg; pl. 피플트리기 pfifltriggi 머리는 타피르 같고 몸
은 개구리 같은 동물. 움직임이 곤충처럼 빠르다. 말라칸드라의 건축가요 기
술자. 소른들의 기획에 따라 집을 세우거나 도구를 만든다.

하란드라 Harandra 말라칸드라의 높은 지역. 꼭대기에는 생물이 살 수 없으며
그 아래 산의 동굴에 소른들이 산다.

한드라미트 handramit 말라칸드라의 낮은 지역. 흐로스들이 산다.

한드라 handra 흙, 땅, 대지, 행성.

호노드라스크루드 honodraskrud 연분홍색 식용 잡초.

흐나우 hnau 이성적 피조물. 화성의 흐로스, 소른, 피플트리그에 해당하고 지구의 인간에 해당한다.

흐나크라푼트 hnakrapunt; pl. 흐나크라푼티 hnakrapunti 흐나크라를 죽인 자.

흐나크라 hnakra; pl. 흐네라키 hnéraki 물에 사는 포악한 짐승.

흐레스니 hressni 여성 흐로스들.

흐로스 hross; pl. 흐로사 hrossa 수달 혹은 물개를 닮았고, 인간보다는 크고 가늘며 두 발이 있다. 낮은 땅 계곡에 살며 농사, 수렵에 종사하고 춤이나 시와 같은 예술을 즐긴다.

흐루 hru 피.

흘룬텔린 hluntheline (미래에 대해) 바라다, 간절히 원하다, 갈망하다.

---

*옛 솔라어 Old Sola: 태양계 Field of Arbol에 거주하던 이성적인 생물들의 공통 언어. '흐레사-흘랍' 또는 '흘랍-에리볼-에프-코르디' 라고도 한다.

1

번개와 소낙비가 멎자마자 도보 여행자는 주머니에 지도를 넣었
다. 뻐근한 어깨에 배낭을 좀더 편하게 메고, 비를 피해 있던 아름드
리 밤나무 아래서 길 가운데로 나왔다. 서쪽의 구름 사이로 샛노란
노을빛이 쏟아졌지만, 바로 앞쪽 언덕 위의 하늘은 짙은 잿빛이었다.
나무와 풀포기에서 빗물이 떨어지고, 길은 강물처럼 반들거렸다. 도
보 여행자는 경치를 구경하며 시간을 허비하지 않고 곧장 출발했다.
예상보다 멀리 가야 된다는 것을 깨달은 사람처럼 성큼성큼 걸었다.
사실 그런 처지였다. 돌아보지 않았지만 돌아봤다면, 머치 내더바이
의 뾰족탑을 볼 수도 있었다. 그랬다면 빈 방이 있는데도 주지 않은
인심 사나운 작은 호텔을 욕했을 터였다. 그곳은 지난번에 다녀간 후
호텔 주인이 바뀌었다. 친절한 옛 주인 대신, 술집 여자가 '주인 여
자'라고 부르는 사람이 주인이 되었다. 손님을 성가셔하는 보수적인

9

영국 여자겠지, 라고 생각하며 그는 발걸음을 옮겼다. 유일한 희망은 언덕들 너머에 있는 스터크뿐이었다. 족히 10킬로미터는 되는 거리였다. 경험이 많기에 그곳에 숙소가 있을 거라고 자신하지 못했지만, 인근에는 다른 숙소가 없는 것 같았다.

그는 제법 빨리 꾸준히 걸었다. 흥미로운 생각을 떠올려서 지루함을 덜려는 사람처럼 주위를 둘러보지 않았다. 키가 컸지만 어깨가 벌어진 체격은 아니었다. 서른다섯에서 마흔 살쯤으로 보였고, 휴가를 떠난 학자답게 꾀죄죄한 차림새였다. 한눈에 의사나 학교 선생처럼 보일 만한 모습이었다. 의사처럼 세상물정을 잘 알거나 학교 선생처럼 쾌활하지는 않았지만. 사실 그는 언어학자로 케임브리지 대학의 교수였다. 이름은 랜섬.

내더바이를 떠날 때는 스터크까지 가기 전에 포근한 농가에서 하룻밤 묵어 갈 수 있으리라 기대했다. 하지만 언덕 이쪽 지역은 인적이 없었다. 황량하고 썰렁한 시골에 양배추, 순무 밭과 초라한 생울타리가 있고 나무는 거의 없었다. 내더바이 남쪽의 부유한 지역과 달리 찾아오는 이가 없었고, 스터크 너머의 산업지대와는 언덕들이 가로막았다. 저녁이 가까워지고 새 소리가 끊기자, 평범한 영국의 시골보다 조용해졌다. 포장도로에 닿는 그의 발소리가 자꾸 거슬렸다.

3킬로미터쯤 걸었을 때 앞에 빛이 보였다. 이제 랜섬은 언덕 아래에 근접해 있었고, 사방이 어두컴컴해졌다. 그는 정말 농가가 있길 바라며 빨간 불빛이 나오는 곳으로 다가갔다. 벽돌로 지은 볼품없는 낡은 오두막이었다. 랜섬이 가까이 갔을 때 여인네가 문에서 뛰어나오다가 그와 부딪칠 뻔했다.

여인네가 말했다.

"죄송합니다요. 우리 해리인 줄 알고 그만."

랜섬은 스터크에 가기 전에 하룻밤 묵을 만한 곳이 있냐고 물었다.

"없습니다요. 스터크에나 가야 있습죠. 내더바이에 숙소가 있을 텐뎁쇼."

여인네가 말했다.

그녀는 딴생각을 하는 사람마냥 조바심쳤다. 랜섬은 내더바이에 가 봤다고 설명했다.

여인네가 말했다.

"그럼 저는 모르겠는걸요. 스터크 전에는 집이 없어 놔서…… 원하시는 곳은 없을 거예요. '더 라이즈'밖에 없어서요. 우리 해리가 일하는 집인데, 손님이 그쪽에서 오신 줄 알았습니다요. 기척을 듣고 해리가 왔구나 싶어서 나온 겁니다요. 아이가 벌써 집에 왔어야 하는데."

랜섬이 말했다.

"'더 라이즈'라니 뭐 하는 곳입니까? 농가입니까? 거기서 저를 재워 줄까요?"

"아, 아닙니다요. 앨리스 양이 죽은 후로 집에 아무도 없습니다요. 런던에서 오신 교수님과 신사분만 계시지요. 그분들은 우리 해리 외에는 하인도 안 두시지요. 해리는 화로를 관리하는데, 집에는 안 들어간다고 하데요."

"그 교수 이름이 뭡니까?"

랜섬은 살짝 희망을 느끼며 물었다.

"저도 모릅니다요. 다른 신사분은 드바인 씨지요. 해리 말로 다른 신사분이 교수라고 하데요. 해리는 그런 건 잘 몰라요. 워낙 좀 단순한 아이라서. 집에 늦게 오면 걱정되는 것도 그 때문이지요. 그 댁에서는 늘 6시에는 아이를 보내 준다고 했어요. 하긴 그때까지면 일을 적게 하는 것도 아니지요."

여인네는 단조로운 말투와 한정된 어휘로 감정을 크게 드러내지 않았다. 하지만 랜섬은 가까이 있었기에 그녀가 떨면서 울음을 터뜨릴 기세임을 눈치 챘다. 그는 수수께끼 같은 교수를 찾아가서 아이를 집에 보내라고 해야겠다는 생각이 들었다. 일단 집에 들어가면—직업이 같은 사람들이니까—하룻밤 묵으라는 제의를 받을 수 있으리란 생각도 퍼뜩 스쳤다. 생각의 흐름이 어찌 됐든, '더 라이즈'를 찾아가면 무엇을 해야 할지가 머릿속으로 선명하게 그려졌다. 그는 여인네에게 자기 생각을 말했다.

그러자 그녀가 말했다.

"정말 고맙습니다요, 손님. 혹시 아이를 대문까지 데리고 나와서 길에 나설 때까지 봐 주시겠습니까요? 아이가 워낙 교수 양반을 무서워하거든요. 손님이 봐 주시지 않으면 해리는 빠져나오지도 못할 겁니다요. 그 댁 양반들이 아직 그 애를 집에 보내지 않으셨다면 말입지요."

랜섬은 5분만 걸어가면 왼쪽에 '더 라이즈'가 있다고 들었다. 그는 여인네를 안심시키고 작별 인사를 했다. 가만히 서 있느라 몸이 굳어서, 천천히 힘겹게 걷기 시작했다.

길 왼편으로는 빛이 보이지 않았다. 평편한 들과 잡목 숲 같은 검은 덩어리만 보일 뿐이었다. 5분도 넘게 걸은 뒤에야 거기 도착했다. 랜섬은 착각했다는 것을 알았다. 집과 길 사이에 생울타리가 있고, 울타리 안에 흰 대문이 있었다. 문을 살피러 다가가 보니, 머리 위로 뻗은 나무들은 잡목 숲의 앞줄이 아니라 둥글게 늘어선 나무들의 일부분이었다. 그 사이로 하늘이 보였다. 랜섬은 이것이 '더 라이즈'의 대문이며, 나무들이 집과 정원을 둘러싸고 있다고 확신했다. 대문을 만져 보니 잠겨 있었다. 잠시 결정을 못하고 서 있었다. 조용한 데다 점점 어두워져서 기운이 빠졌다. 처음 생각은, 지치기도 했지만 스터크로 계속 가자는 것이었다. 하지만 늙은 여인네의 심부름을 떠안지 않았던가. 정말 원한다면 생울타리를 비집고 들어갈 수는 있을 터였지만 그러고 싶지는 않다. 은퇴한 별종—시골에서 대문을 걸어잠그고 사는 부류의 인간—을 만나, 바보 아들이 30분 늦게 퇴근한다고 눈물짓는 노이로제 걸린 여자 이야기를 하면 얼마나 아둔해 보일까! 하지만 그 집에 들어갈 수밖에 없었다. 배낭을 메고 빽빽한 생울타리를 지날 수는 없어서, 배낭을 벗어서 대문 안으로 던졌다. 그 순간, 이제야 결단을 내린 기분이 들었다. 이제 배낭을 찾기 위해서라도 정원에 들어가야 했다. 아낙네에게, 그리고 자신에게 부아가 치밀었지만, 양손과 무릎을 땅에 대고 생울타리 속으로 들어가기 시작했다.

몸을 비틀며 들어가기가 생각보다 힘들었다. 몇 분 뒤에야 어둡고 축축한 생울타리 안으로 들어섰다. 가시와 쐐기풀에 찔려서 살이 따끔거렸다. 랜섬은 대문으로 가서 배낭을 집고, 처음으로 주변을 둘러보았다. 나무 밑보다는 집으로 이어지는 차도가 환했다. 큰 돌집 앞에 있는 너저분한 잔디밭이 잘 보였다. 차도는 두 개의 작은 길로 나뉘어 있었다. 오른쪽 길은 현관까지 비스듬히 이어지고, 왼편 길은 곧게 집 뒤쪽으로 난 길일 터였다. 길에 난 푹 파인 바퀴 자국이 눈에 띄었다. 지금은 물이 차 있었다. 짐을 잔뜩 실은 수레라도 지나갔을까? 그가 걸어간 오른쪽 길에는 이끼가 무성하게 끼어 있었다. 집 자체에서는 빛이 새나오지 않았다. 몇 군데 창문에는 덮개가 있고, 덮개나 커튼이 없는 휑한 창문들도 있었지만 다 생기 없고 으스스했다. 사람이 사는 흔적은 집 뒤에서 솟는 연기뿐이었다. 자욱한 연기는 부엌이 아니라 공장 굴뚝, 적어도 세탁실에서 뿜어내는 것 같았다. '더 라이즈'는 낯선 이를 하룻밤 재워 줄 만한 곳이 아니었다. 그곳을 찾느라 이미 얼마간의 시간을 허비한 터여서 랜섬은 늙은 여인네와 한 불운한 약속만 아니었다면 당장 돌아섰을 터였다.

계단 세 개를 올라, 지붕이 쑥 나온 현관으로 가서 벨을 누르고 기다렸다. 잠시 후 다시 벨을 누르고, 현관 옆에 놓인 나무 벤치에 앉았다. 별이 빛나고 따뜻한 밤이었지만 오래 앉아 있으니 얼굴의 땀이 마르고 어깨에 살짝 한기가 돌았다. 너무나 고단했다. 일어나서 다시 벨을 누르지 않은 것도 그 때문일 터였다. 조용한 정원과 아름다운 여름밤 때문일 수도 있었다. 또 근처에서 이따금 들리는 부엉이 울음소리는 평온함을 강조하는 것 같았다. 랜섬은 나른함에 젖어들다가 퍼뜩 정신을 차렸다. 이상한 소리가 났다. 우당탕탕 맞붙어 싸우는 소리였다. 럭비에서 스크럼 짤 때 나는 소리 같기도 했다. 랜섬은 일어났다. 이제 싸우는 소리가 또렷했다. 부츠를 신은 사람들이 치고받거나, 레슬링이나 게임을 벌이는 소리였다. 고함도 질렀다. 말소리까지는 못 알아들었지만, 화가 나서 씨근대며 윽박지르는 외마디 소리였다. 랜섬은 위험한 일에 끼고 싶지 않았지만, 무슨 일인지 알아봐야 된다는 생각이 들었다. 그때 알아들을 수 있는 비명소리가 났다.

"보내 주세요. 보내 줘요."

그러더니 곧 다시 외치는 소리가 들렸다.

"거기 안 들어갈래요. 집에 보내 주세요."

랜섬은 배낭을 내던지고 계단을 성큼 올라가, 뻐근하고 아픈 발로 최대한 빨리 집 뒤쪽으로 돌아갔다. 바퀴 자국과 웅덩이가 파인 진흙탕 길로 가니 마당 같은 것이 나왔지만, 주변에 이상스런 건물이 여러 채 있었다. 언뜻 높은 굴뚝과 빨간 불빛이 환한, 나지막한 문이 눈에 들어왔다. 하늘에 검게 선 커다랗고 둥근 물체는 작은 관측소의 돔 지붕 같았다. 그때 그의 의식에서 이 모든 게 사라지면서 드잡이하는 세 사람이 보였다. 그들이 바로 앞에 있어서 랜섬은 하마터면 부딪칠 뻔했다. 다른 두 사람이 붙들고 있는 것 같은, 가운데 있는 사람이 노파의 아들 해리임이 분명했다. 랜섬은 벼락처럼 달려들면서 "아이한테 무슨 짓입니까?"라고 외치고 싶었지만, 자신 없는 목소리로 입에서 나온 말은 그게 아니었다.

"저기요! 이보십시오!······"

엉겨 붙어 싸우던 세 사람이 갑자기 떨어졌다. 소년이 엉엉 울었다. 두 사내 중 키와 체구가 큰 사람이 말했다.

"도대체 누구시며 여긴 웬일이신지?"

그의 음성에는 랜섬으로서는 부러운 당당함이 배어났다.

랜섬이 대답했다.

"저는 도보 여행 중인데, 어느 가여운 여인에게 약속을 해서……."

다른 사내가 대꾸했다.

"가여운 여인 좋아하시는군. 어떻게 들어왔소?"

"생울타리로요. 그 아이에게 무얼 하는지 모르겠지만……."

랜섬이 말했다. 약간 화가 치밀어 오르는 게 도움이 되었다.

"그러기에 집에 개를 두어야 한다니까."

체구가 큰 사내는 랜섬을 무시하며 동료에게 말했다.

"타르타르를 실험에 쓰자고 고집부리지 않았을 경우에 그렇다는
거겠지요."

아직 말하지 않던 사내가 대꾸했다. 키는 다른 사내만 했지만 마르
고 나이가 적어 보였다. 어디선가 들어 본 목소리 같았다.

랜섬이 다시 말을 꺼냈다.

"이보십시오. 아이에게 무얼 하려는지 모르겠지만, 시간이 많이
지났고 집에 보낼 때가 되었습니다. 여러분의 일에 끼어들 생각은 전
혀 없지만……."

"누구시오?"

체구가 큰 사내가 물었다.

"이름을 물으시는 거라면 제 이름은 랜섬입니다. 그리고……."

날씬한 사내가 말했다.

"이런. 설마 웨덴쇼에 다니던 랜섬은 아니겠지요?"

"웨덴쇼에서 학교를 다녔습니다만."

랜섬이 대답했다.

"목소리를 듣자마자 알 것 같더군. 나 드바인이네. 기억하지 못하겠나?"

날씬한 사내가 물었다.

"그래! 기억나는군!"

랜섬이 대답했다. 두 사람은 이런 만남에서 으레 그렇듯이 다정한 체하며 악수했다. 사실 학창 시절 랜섬은 누구보다 드바인을 싫어했다.

드바인이 물었다.

"놀랍지 않은가? 황량한 스터크와 내더바이에서도 꽤 떨어진 곳이니 말일세. 목에 뜨거운 게 올라오면 주일 저녁 예배가 기억나는 오지지. 아마 웨스턴과는 모르는 사이지?"

드바인은 체구가 크고 목소리가 우렁찬 동료를 손짓하며 덧붙였다.

"웨스턴일세. 위대한 물리학자지. 아침 식사로 아인슈타인을 토스트로 먹고, 슈뢰딩거(1887~1961, 오스트리아의 물리학자―옮긴이)의 피를 한 컵씩 마시는 양반이지. 웨스턴, 학교 동창생인 랜섬을 소개할게요. 닥터 엘윈 랜섬입니다. 랜섬은 아시지요……. 위대한 언어학자지요. 아침 식사로 예스베르센(1860~1943, 덴마크의 언어학자, 영문법의 선구적인 권위자―옮긴이)을 토스트로 먹고……."

"난 전혀 모르는 일일세. 내가 정원에 침입한 이 사람을 만나서 반갑다고 인사하기를 바랐다면, 실망스럽겠군. 그가 어느 학교 출신인지, 현재 어떤 비과학적인 바보짓으로 연구비를 탕진하고 있는지는 관심 없네. 그가 여기 뭐 하러 왔는지 알고 싶을 따름이지. 그걸 알고 나면 얼굴도 보고 싶지 않다구."

운 나쁜 해리의 목덜미를 쥔 채로 웨스턴이 말했다.

드바인이 진지한 투로 말했다.

"허튼 소리 말아요, 웨스턴. 이 친구가 들러 준 건 반가운 일이에요. 웨스턴이 저러는 걸 마음에 두지 말라구, 랜섬. 겉으로는 퉁해도 속에는 넉넉한 마음이 감추어져 있다네. 들어와서 한잔 하고 뭘 좀 먹게나."

"정말 고맙군. 하지만 저 아이 말인데……."

랜섬이 말했다.

드바인이 랜섬을 한편으로 끌어냈다. 그가 낮은 목소리로 말했다.

"머리가 정상이 아니야. 대체로 부지런히 일하지만, 이렇게 발작을 일으킨다네. 우리는 아이를 세탁실에 넣고, 정상으로 돌아올 때까지 한 시간쯤 진정시키려는 것뿐이네. 이런 상태로 집에 보낼 수는 없거든. 다 그애를 위해서지. 자네만 괜찮다면 아이를 집에 데려다주게……. 그리고 돌아와서 여기서 자라구."

랜섬은 몹시 당혹스러웠다. 여러 정황이 미심쩍고 마음에 걸려서, 범죄 현장에 발을 디뎠다는 느낌이 들었다. 반면 그 나이와 지위의 사람들에게 뿌리 깊은 비합리적인 믿음도 있었다. 즉 그런 일은 소설

에나 나올 일이지 보통 사람이 겪을 일이 아니며, 더구나 교수들이나 학교 동창생과 관련될 리 없을 것 같았다. 두 사람이 해리를 함부로 대했다 해도, 랜섬은 완력으로 그를 빼낼 수 없을 듯했다.

랜섬이 이런 생각을 하는 사이, 드바인은 웨스턴에게 나직하지만 손님에게 들릴 만한 목소리로 어떻게 대접할지 의논했다. 웨스턴도 툴툴대며 동의했다. 랜섬은 다른 짐도 많은 와중에 사교적인 부담까지 안게 되었다. 그는 대답을 하려고 몸을 돌렸지만, 웨스턴이 해리에게 말하고 있었다.

"너는 하루 저녁에 폐를 너무 끼쳤다, 해리. 제대로 다스려지는 나라라면 나처럼 너를 다룰 것이다. 입 다물고 그만 훌쩍대거라. 네가 원치 않는다면 세탁실에 들어갈 필요 없다⋯⋯."

"세탁실이 아니잖아요. 그게 아닌 걸 아시잖아요. 다시는 거기 들어가고 싶지 않아요."

아둔한 소년이 흐느끼며 말했다.

드바인이 끼어들었다.

"실험실을 말하는 거라네. 전에 거기 들어갔다가 우연히 몇 시간 갇혀 있었지. 무슨 이유에선지 아이가 깜짝 놀랐지. 이런, 가여운 녀석 같으니."

그는 해리에게 고개를 돌리고 말을 이었다.

"잘 들어라, 해리. 이 친절한 신사께서 잠깐 쉬었다가 너를 집에 데려다 주실 게다. 들어와서 거실에 얌전히 앉아 있으면 네가 좋아하는 걸 주겠다."

그가 코르크 마개 따는 소리를 흉내 내자—랜섬은 학창 시절에도 드바인이 그런 소리를 냈던 일을 기억했다—해리의 입가에 아이 같은 미소가 번졌다.

"데리고 들어가지."

웨스턴이 말하고 뒤돌아 집으로 들어갔다. 랜섬은 따라가는 게 망설여졌지만, 드바인은 웨스턴이 만나서 반가울 거라고 달랬다. 뻔한 거짓말이었다. 랜섬은 순간 망설였지만, 쉬면서 술을 마시고 싶은 마음에 드바인과 해리를 따라 집 안으로 들어갔다. 잠시 후 그는 안락의자에 앉아서, 마실 것을 가지러 간 드바인이 돌아오기를 기다렸다.

2

랜섬이 안내된 방은 호사스러움과 너저분함이 묘하게 뒤섞여 있었다. 창문은 깨지고 커튼이 없고, 카펫이 깔리지 않은 바닥에는 상자며 대팻밥, 신문, 책이 어질러져 있었다. 또 전에 살던 사람이 그림과 가구를 둔 자국이 벽지에 얼룩으로 남아 있었다. 한편 안락의자 두 개는 엄청나게 비싼 종류였고, 탁자마다 시거, 굴 껍질, 빈 샴페인 병, 연유 통, 딴 정어리 통조림 같은 쓰레기가 놓여 있었다. 그 옆으로 싸구려 오지그릇과 먹다 만 빵, 차가 든 찻잔, 담배꽁초가 널브러져 있었다.

집주인들이 오랫동안 돌아오지 않아서, 랜섬은 드바인에 대해 생각하게 되었다. 어릴 때 아주 잠깐 감탄했다가 만 사람에게 느끼는 불쾌감 같은 기분이 들었다. 드바인은 동급생보다 앞서서 어른들의 감상적이거나 이상적인 진부한 말을 흉내 내며 조롱할 줄 알았다. 몇

주 동안 '모교', '정정당당', '백인의 의무', '올곧음' 같은 말을 계속 들먹여 동급생들을 열광시켰다. 그 중에 랜섬도 끼어 있었다. 하지만 랜섬은 졸업하기 전에 드바인이 따분한 인간임을 눈치 채기 시작했고, 케임브리지에서는 그를 피했다. 멀찍이서 그처럼 뻔하고 진부한 사람이 어떻게 그렇게 성공할 수 있는지 궁금해했다. 그러다가 드바인이 레스터의 교수에 선출되는 신기한 일이 벌어지고, 묘하게도 점점 부유해졌다. 그는 오래 전에 케임브리지를 떠나 런던에서 지냈고 '시'에서 한자리 차지한 모양이었다. 사람들은 이따금 그의 소식을 들었는데, 이야기 끝에는 "똑똑한 녀석, 잘 나간다니까"라는 말이나 "어떻게 그 자리까지 갔는지 수수께끼야"라는 애처로운 푸념이 덧붙여졌다. 마당에서 나눈 짧은 대화로 미루어 랜섬은 동창생이 변하지 않았다는 것을 알 수 있었다.

그런 생각을 하는데 문이 열렸다. 드바인 혼자 위스키 병과 술잔, 탄산수 병이 든 쟁반을 들고 들어왔다.

"웨스턴은 먹을 걸 찾고 있네."

드바인은 쟁반을 랜섬의 의자 옆 바닥에 놓고 술병을 따기 시작했다. 랜섬은 갈증이 몹시 심했다. 드바인이 술병을 따다 말고 말하기 시작하자 짜증스러웠다. 드바인은 코르크 따개로 코르크를 싼 은박지를 따려다가 물었다.

"이런 외진 시골 동네에는 웬일인가?"

랜섬이 대답했다.

"도보 여행 중이라네. 어젯밤에는 스토크 언더우드에서 잤고, 오늘 밤에는 내더바이에서 묵을까 했지. 그 동네에서 재워 주지 않아서 스터크로 가는 길이었네."

드바인은 코르크 따개를 든 채 대꾸했다.

"저런! 그렇게 하는 것은 돈 때문인가, 고행을 하기 위해서인가?"

"물론 재미 삼아지."

랜섬은 따지 않은 병뚜껑에서 눈을 떼지 않고 말했다.

"경험 부족인 사람에게 그 매력을 설명해 줄 수 있겠나?"

드바인이 물었다. 그는 술병을 따야 되는 것을 기억하고 은박지를 살짝 뜯었다.

"나도 잘 모르지. 우선 난 걷는 것을 정말 좋아하네……."

"이런! 그렇다면 군 생활이 즐거웠겠구먼? 어딘가로 행군을 하니까 말일세."

"아니, 그렇지 않네. 이건 군대와는 정반대지. 군대에서야 개인이 잠시도 혼자 있지 못하고, 어디로 가야 할지 정할 수가 없네. 심지어 길 어느 쪽에서 걸어가야 할지도 선택하지 못하지. 도보 여행에서는 완전히 자유롭네. 서고 싶으면 서고, 가고 싶으면 가면 되지. 여행하는 동안 아무도 신경 쓰지 않고 스스로 결정하면 그뿐이라네."

"그러던 어느 날 밤 호텔에 '당장 귀가 바람'이라는 전보가 기다리고 있겠지."

드바인이 드디어 은박지를 벗기면서 대꾸했다.

"바보나 갈 숙소들의 주소를 남기고 거기로 가겠지! 내게 일어날 수 있는 최악의 일은, 라디오에서 '중부 지방 어딘가 여행 중이라고 짐작되는 엘윈 랜섬 박사가⋯⋯'라는 뉴스의 주인공이 되는 것일세."

드바인은 코르크를 빼느라 말을 멈추었다가 입을 열었다.

"이제야 알 만하군. 자네가 사업을 한다면 어림없는 일이겠지. 자네는 진짜 행운아로군! 하지만 아무리 자네라도 그렇게 사라질 수 있는 건가? 부인도 없고, 젊지도 늙지도 않은 정직한 부모님도 안 계시나?"

"인도에 있는 결혼한 누이뿐일세. 게다가 나는 개인 지도교수거든. 자네도 기억하겠지만, 긴 방학 중인 개인 지도교수는 존재하지 않는 인물이지. 대학은 교수가 어디 있는지 알지도 못하고 신경 쓰지도 않거든. 누구도 관심 갖는 이가 없지."

마침내 유쾌한 소리를 내며 코르크가 병에서 빠졌다.

"됐으면 말하게."

드바인이 말하자 랜섬이 잔을 내밀었다. 드바인이 말을 이었다.

"그래도 누군가 있겠지. 자네가 어디 있는지, 언제 돌아갈지 아는 사람이 정말 없단 말인가? 아무도 연락이 닿지 않아?"

랜섬은 고개를 끄덕여 대답했다. 드바인은 탄산수 병을 들다가 불쑥 툴툴댔다.

"병이 비었구먼. 물을 타도 괜찮겠나? 식기실에 가서 가져와야겠군. 얼마나 탈까?"

"꽉 채워 주게."

랜섬이 대답했다.

몇 분 뒤 드바인이 돌아와서, 랜섬에게 오래 기다리던 술잔을 건넸다. 랜섬은 만족스런 한숨을 내쉬면서 반쯤 비운 술잔을 내려놓고는 그의 휴가만큼이나 드바인이 고른 거처도 독특하다고 말했다.

드바인이 대답했다

"그렇네. 하지만 웨스턴을 안다면, 그와 입씨름하지 않고 가자는 데로 가는 게 속 편하다는 걸 알 걸세. 정말로 센 동료거든."

"동료?"

랜섬이 의아한 듯 물었다.

"어떤 면에서는 그런 셈이지."

드바인은 문을 힐끗 보더니, 랜섬 가까이 의자를 옮기면서 비밀을 속삭이듯 덧붙였다.

"하지만 그가 적임자거든. 우리끼리 얘기네만 웨스턴이 관여하는 실험에 내가 돈을 좀 투자했지. 믿을 만한 일이야. 진보를 이루고, 인간에게 유용한 일이지만 산업과 관련된 면이 있지."

드바인이 말하는 동안, 랜섬에게 묘한 일이 벌어지기 시작했다. 처음에는 단지 드바인의 말이 이해가 안 되는 듯했다. 공업에 종사하는데, 런던에서는 적당한 실험을 할 수 없다고 하는 것 같았다. 그러다가 랜섬은 드바인의 말이 이해되지 않는다기보다 들리지 않는다는 것을 알았다. 이제 그가 멀리 있으니—망원경을 거꾸로 본 것같이 선명하게 보여도 2킬로미터쯤 떨어져서—소리가 안 들릴 만도 했다. 그는 밝고 먼 곳의 작은 의자에 앉아서 색다른 표정으로 랜섬을 응시했다. 눈길이 혼란스러워졌다. 랜섬은 앉은 채로 움직이려 했지만, 힘이 빠져서 몸을 마음대로 가눌 수 없었다. 편안했지만 팔다리가 의자에 묶인 것 같았고, 머리는 바이스로 죈 느낌이었다. 바이스에 천을 대긴 했지만 치우지 못할 것 같았다. 두려워야 할 테고 곧 그러겠지만, 두렵지가 않았다. 그때 방이 시야에서 차츰 사라졌다.

그 후 일어난 일이 이 책에 기록된 사건들과 관계가 있는지, 혹은 상관없는 꿈에 불과한지 랜섬은 분간할 수 없었다. 그는 웨스턴, 드바인과 담장에 둘러 싸인 작은 정원에 서 있는 것 같았다. 정원은 환하고 햇빛이 쏟아졌지만, 담장 너머로는 어둠만 보였다 그들은 담을 넘으려 했고, 웨스턴이 두 사람에게 몸을 떠받쳐 달라고 했다. 랜섬은 담 너머가 어두우니 넘지 말라고 계속 말렸지만 웨스턴은 고집을 부렸고, 세 사람은 담을 넘기 시작했다. 랜섬이 마지막으로 넘었다. 그는 담 위에 올라가서, 깨진 병 때문에 외투를 깔고 걸터앉았다. 다른 두 사람은 담을 넘어서 어둠 속으로 내려갔지만, 랜섬이 뒤따라가기 전에 담벽에 난 문이—아무도 문이 있는 줄 몰랐다—안에서 열리면서, 난생처음 보는 이상한 사람들이 정원으로 나왔다. 웨스턴과 드바인도 함께 나왔다. 그들은 두 사람을 정원에 남겨 두고 어둠 속으로 돌아가 문을 닫았다. 랜섬은 담에서 내려갈 수 없다는 것을 알았다. 그대로 앉아 있으려니 겁나지는 않았지만 불편했다. 바깥으로 뻗은 오른쪽 다리는 너무 어둡고 왼쪽 다리는 너무 환하게 느껴지기 때문이었다.

"더 어두워지면 내 다리가 떨어질 텐데."

그가 말했다. 랜섬은 어둠 속을 내려다보며 물었다.

"당신들은 누굽니까?"

이상한 사람들이 부엉이처럼 "후-후-후"하고 대답한 걸 보면, 아직 거기 있음이 분명했다.

랜섬은 다리가 어두운 게 아니라 춥고 뻣뻣하다는 것을 느끼기 시작했다. 오랫동안 한쪽 다리를 그 위에 올려놓고 있어서 그런 모양이었다. 또 그가 환한 방에서 안락의자에 앉아 있다는 것도 알아차렸다. 가까이서 대화가 이어졌는데 이제 생각해 보니 아까부터 계속 그런 것 같았다. 머리가 맑았다. 약을 먹었거나 최면에 걸렸거나, 양쪽 다였다는 것을 알았다. 아직 기운이 없었지만 몸을 뜻대로 가눌 수 있게 되었다. 그는 움직이려 애쓰지 않고, 말소리에 귀를 기울였다.

드바인이 말했다.

"점점 지겨워지는군요, 웨스턴. 특히 내 돈이 걸린 일이잖소. 장담컨대 이 친구도 그 아이만큼이나 잘할 거고, 여러 면에서 더 나을 거요. 다만 너무 빨리 정신이 돌아오고 있으니, 당장 태워야 해요. 한 시간 전에 태워야 했는데."

웨스턴이 샐쭉하게 대답했다.

"아이가 안성맞춤이었는데. 사람 구실을 못하는 데다가 바보만 생산해 낼 아이니까. 문명화된 나라에서는 연구를 위해 자동적으로 실험실에 넘길 만한 대상이거든."

"그렇긴 하지요. 하지만 영국에서는 경찰이 관심을 가질 만한 아이이기도 해요. 한편 남의 일에 나서는 이 친구는 몇 달간 찾는 사람이 없을 거예요. 몇 달 뒤에도 그가 어디 있는지, 언제 사라졌는지 아무도 모를 테고요. 그는 혼자 왔거든요. 주소도 남기지 않았고. 가족도 없어요. 게다가 제 발로 걸어 들어와서 얼굴을 들이민 셈이니까."

"글쎄, 솔직히 마음에 안 드네. 결국 그는 인간이니까. 그 아이는 실상……준비물이나 마찬가지지. 게다가 한 개인일 뿐이고, 그야말로 쓸모없는 존재일 걸세. 우리도 목숨을 걸고 있네. 위대한 목적을 위해서……."

"제발 똑같은 이야기는 그만하자고요. 시간이 없어요."

"그러지. 이 사람도 이해시킨다면 동의할 거야."

웨스턴이 대답했다.

"이 친구의 발을 잡아요. 내가 머리를 잡을 테니까."

"정말 그가 정신을 차리고 있다고 생각한다면 약을 한 번 더 먹이는 게 좋을 거야. 해가 뜨기 전에는 떠날 수가 없네. 세 시간쯤 거기서 버둥대면 곤란하지. 일을 진행할 때까지 깨지 않는 편이 낫다고."

"맞는 말이에요. 위층에 가서 가져올 테니 잘 감시해요."

드바인이 방에서 나갔다. 랜섬은 실눈을 뜨고, 앞에 서 있는 웨스턴을 보았다. 그는 자기 몸이 움직일 수 있다면 어떻게 움직일지 가늠할 방도가 없었지만, 당장 모험을 해 보기로 했다. 드바인이 문을 닫자마자 있는 힘을 다해 웨스턴의 발치에 달려들었다. 과학자 사내는 의자로 넘어졌고, 랜섬은 죽을힘을 다해서 일어나 거실로 달려갔다. 너무 기운이 없어서 거실에 들어서자마자 넘어졌다. 하지만 돌아서면 무서운 일이 있기에, 곧바로 그는 현관문을 찾아서 잠금 장치를 열려 했다. 어둡고 손이 떨려서 뜻대로 되지 않았다. 쬠쇠를 풀기도 전에 부츠 신은 발이 카펫이 깔리지 않은 바닥에 닿는 소리가 났다.

랜섬은 어깨와 무릎을 붙들렸다. 랜섬은 발로 차고 몸을 비틀며 땀을 줄줄 흘렸다. 구조되리라는 작은 희망을 품고 힘껏 소리 지르며, 자기도 모르던 힘까지 내서 버렸다. 한순간 문이 열리면서 싱그러운 바람이 얼굴에 불었다. 위안을 주는 별이 보였고, 현관문 앞에 던져진 배낭도 눈에 들어왔다. 그때 묵직한 뭔가가 그의 머리를 때렸다. 의식이 사라지면서, 그를 어두운 복도로 끌어당기는 억센 손길이 마지막으로 느껴졌다. 문 닫히는 소리가 들렸다.

3

의식을 찾고 보니, 랜섬은 어두운 방에서 침대에 누워 있는 것 같 았다. 두통이 심하고, 나른하기까지 해서 처음에는 일어나거나 주위 를 살피고 싶지 않았다. 손을 이마에 대니 땀을 많이 흘리고 있었다. 방이(여기가 방이라면) 유난히 따뜻하다는 데 관심이 쏠렸다. 양팔을 침 대보 밖으로 내밀어 침대 오른쪽 벽을 만지니 따뜻한 게 아니라 뜨거 웠다. 왼손을 허공에 저으니 공기는 그보다 시원했다. 열기가 벽에서 나오고 있었던 것이다. 얼굴을 만지니 왼쪽 눈 위에 타박상이 느껴졌 다. 그러자 웨스턴, 드바인과 실랑이를 벌인 기억이 났다. 그들이 그 를 화로 뒤쪽 건물에 가두었다는 확신이 들었다. 고개를 드니, 어슴 푸레한 빛이 비쳤다. 손을 움직이는 것을 볼 수 있었는데도 빛이 드 는 것을 느끼지 못했던 것이다. 머리 바로 위쪽에 채광창 같은 게 있 었다. 네모진 창으로 별이 빛나는 밤하늘이 보였다. 랜섬은 그렇게 싸늘한 밤은 처음 보는 것 같았다. 참지 못할 통증이나 쾌감이 고동치듯 밝음이 고동쳤다. 길도 없고 헤아릴 수도 없는 별들이 무리 지어, 꿈처럼 맑게 칠흑 같은 어둠 속에서 타올랐다. 별빛이 랜섬의 관심을 끌고, 괴롭히고 흥분시키고, 일어나 앉게 했다. 동시에 별빛이 두들겨 대듯 해서 두통이 심하자, 랜섬은 약물을 먹은 일이 떠올랐다. 그들이 먹인 약물이 동공에 영향을 미친 것이라는 생각이 들었다. 그렇다면 하늘이 부자연스럽게 화려하고 꽉 찬 것이 설명될 터였다. 그때 희미하게 뜨는 해를 축소한 듯한 은색 빛이 하늘의 구석에서 떠오르자, 랜섬은 다시 눈을 들었다. 몇 분 후 보름달이 밀려와 시야에 들어왔다. 랜섬은 가만히 앉아서 지켜보았다. 이런 달은 생전 처음 보았다. 어찌나 희고, 어찌나 크게 떠서 앞을 가리던지. '거대한 축구공이 유리창 밖에 있는 것 같구나'라고 속으로 중얼댔다. 잠시 후 '아냐, 그보다 큰걸' 하는 생각이 들었다. 이번에는 눈이 크게 잘 못됐다는 확신이 들었다. 달이 지금 그가 보는 것만 할 리가 없었다.

거대한 달은—그게 달이라면—랜섬의 주변을 대낮처럼 환하게 밝혔다. 정말 이상한 방이었다. 바닥이 너무도 좁아서, 침대와 그 옆에 놓인 탁자가 방을 거의 다 차지하다시피 했다. 천장이 바닥보다 두 배나 넓어 보이고 벽은 바깥쪽으로 비스듬하게 뻗어 있어서 랜섬은 외바퀴 손수레의 깊고 좁은 바닥에 누워 있는 느낌이 들었다. 방의 모양을 보자 랜섬은 시력이 일시적으로나 영구히 손상되었다고 확신했다. 하지만 다른 면에서는 급속히 회복되어서, 가슴이 이상하리만치 가볍고 불쾌하지 않은 흥분감이 들기 시작했다. 여전히 더위가 심해서 셔츠와 바지를 제외한 옷을 다 벗고, 방을 둘러보러 일어났다. 일어나는 것은 숫제 재앙이어서, 약물 때문에 생긴 증세들임을 깨닫자 마음이 무거웠다. 평소와 다름없는 몸놀림인데도, 침대에서 힘차게 내려오다가 천장의 창에 부딪혀 훌러덩 나자빠졌다. 정신을 차리니 저쪽 벽에 있었다. 아까 살펴본 바로는 벽이 손수레의 옆면처럼 바깥쪽으로 기울어야 했다. 그런데 그렇지 않았다. 랜섬은 벽을 만지고 살펴봤다. 바닥에서 완벽하게 직각을 이루었다. 이번에는 더 호기심이 생겨서 다시 일어났다. 유난히 몸이 가벼웠다. 바닥을 딛기가 어려웠다. 죽어서 귀신이 되었나 보다, 하는 의심이 처음으로 들었다. 몸이 떨렸지만 이성으로 그런 의심을 떨쳐 버렸다. 그는 갇힌 곳을 살펴보았다. 의심의 여지가 없었다. 모든 벽이 바깥으로 기운 것처럼 보여서 바닥보다 천장이 넓어 보였지만, 그가 옆에 서 보니 각각의 벽은 완벽한 수직이었다. 보기에만 그런 게 아니라 벽과 바닥 사이의 각도를 손으로 만져 봐도 마찬가지였다. 그랬더니 두 가지 묘한 사실이 밝혀졌다. 벽과 바닥은 금속으로 되어 있고, 지속적으로 살짝 떨리고 있었다. 이상하게 살아 있고, 기계적이지 않은 조용한 진동이 있었다. 진동은 소리가 나지 않았지만, 갖가지 소음이 계속 났다. 천장에서 불규칙하게 박자를 맞추거나 두드리는 소리가 나는 것 같았다. 그가 있는 금속 방이 딸랑대는 소형 미사일들과 함께 쏟아지고 있는 것 같았다. 랜섬은 몹시 겁이 났다. 그것은 전쟁에서 겪는 지루한 공포가 아니라 평소의 흥분감과 구분되지 않는 활기차고 강렬함이 섞인 두려움이었다. 그는 감정의 분수령 같은 데서 멈추어 있었다. 언제든 그곳을 지나 넋 나간 공포 아니면 환상적인 쾌락으로 빠질 것 같았다. 거기가 잠수함 속이 아닌 것은 알았다. 금속이 미세하게 떨리는 것으로 보아 바퀴 달린 차량이 움직이는 것도 아니었다. 랜섬은 배나 비행선 같은 거라고 짐작했지만, 모든 감각이 이상한 점으로 볼 때 어느 쪽으로도 설명이 되지 않았다. 당황해서 다시 침대에 앉아 이상한 달을 응시했다.

비행선, 날아다니는 기계 같은 것⋯⋯그런데 왜 달이 저리 크게 보일까? 애초 생각했던 것보다 컸다. 달이 저만 한 크기일 리가 없었다. 이제 랜섬은 처음부터 그것을 알았지만 공포감 때문에 모른 체했다는 것을 깨달았다. 동시에 어떤 생각이 머리를 스치자 숨이 막혔다. 그날 밤은 달이 둥그렇게 뜰 리가 없었다. 달빛 없는 밤에 내더바이에서 나오던 때를 분명히 기억했다. 작게 뜬 달을 못 봤다 해도 몇 시간 만에 이렇게 달이 커질 리는 만무했다. 이렇게까지, 대문짝만하게 커질 리가 있나. 처음에는 달을 축구공에 비유했지만 그보다 훨씬 커졌고, 아이들이 갖고 노는 후프보다도 컸다. 또 달 속의 토끼는 어디 있을까? 토끼가 방아를 찧고 있어야 하는데? 그것은 달이 아니었다. 랜섬은 머리가 쭈뼛해졌다.

그때, 문 여는 소리에 그는 고개를 돌렸다. 뒤에서 길쭉하고 눈부신 빛이 나타나더니, 문이 닫히면서 사라졌다. 벌거벗은 큰 체구의 사내가 들어섰다. 랜섬은 그가 웨스턴임을 알아보았다. 랜섬은 비난도, 설명해 달라는 요구도 입 밖에 내지 않았고, 그럴 생각조차 하지 않았다. 그들 위에 괴물 같은 원이 있어서 그런 게 아니었다. 같이 있을 수 있는 인간이 있다는 사실만으로도, 오랫동안 바닥 모를 절망과 싸우던 긴장이 풀렸다. 입을 열었을 때 랜섬은 자기도 모르게 흐느낌이 새어 나왔다.

"웨스턴! 웨스턴! 이게 뭡니까? 달이 아니에요, 달만 한 크기가 아닌 걸요! 달일 리가 없지요, 안 그렇습니까?"

"그렇소. 저건 지구요."

웨스턴이 대답했다.

4

랜섬은 다리가 후들거렸다. 침대에 털썩 주저앉은 모양이었다. 하지만 몇 분이 지나서야 그렇다는 것을 알았다. 그때는 두려움 외에 아무것도 생각나지 않았다. 무엇이 두려운지조차 몰랐다. 두려움 자체가 머리를 휘감았다. 형태도 없는, 끝없는 불안이 엄습했다. 의식을 잃으면 좋으련만 의식은 잃지 않았다. 어떤 변화든 일어난다면—죽음이든 잠이든, 깨어 보니 모든 게 꿈이었다고 알게 되면 더 좋고—이루 말할 수 없이 반가울 터였다. 하지만 달라진 게 없었다. 대신 반은 위선인 미덕이나, 반은 미덕인 위선으로 살아온 그는 자제력을 되찾았다. 창피스러우리만치 떨리지는 않는 소리로 웨스턴에게 이내 대꾸했다.

"정말입니까?"

"그렇소."

"그럼 우리는 어디에 있는 겁니까?"

"지구에서 8만 5천 마일쯤 벗어난 곳에 있소."

"그렇다면 우리는……우주에 있군요."

랜섬은 겁먹은 아이가 귀신을 이야기하거나 겁먹은 사내가 암을 이야기하듯이 어렵사리 중얼댔다.

웨스턴이 고개를 끄덕였다.

랜섬이 말했다.

"왜지요? 도대체 무엇 때문에 나를 납치했습니까? 어떻게 한 거고요?"

잠시 웨스턴은 대답을 안 할 것 같았다. 그러다 다시 생각한 듯 랜섬 옆에 앉아서 다음과 같은 말을 했다.

"다음 달 내내 우리를 물고 늘어지게 하지 않고 당장 대답해 주는 게 낫겠소. 어떻게 이렇게 하느냐, 즉 어떻게 우주선을 작동시키느냐는 거겠지. 그건 당신이 물을 질문이 아니오. 현재 살아 있는 진짜 물리학자 네댓 명에 낀다면 모를까, 당신은 알아듣지도 못할 거요. 또 알아듣는다 해도, 그 대답은 듣지 못할 거요. 의미 없는 말을 반복하는 게 좋다면—사실 비과학적인 사람들이 설명을 요구할 때는 다 그렇지만—우리가 태양 광선의 덜 관찰된 특성을 활용한다고 할 수 있소. 우리가 왜 여기 있느냐는 질문에 대해서는, 우린 지금 말라칸드라로 가는 길이오……."

"말라칸드라라는 별 말입니까?"

"당신 같은 사람도 우리가 태양계를 빠져나간다고는 생각지 않을 거요. 말라칸드라는 그보다 훨씬 가깝소. 28일 정도면 도착할 거요."

"말라칸드라라는 행성은 없어요."

"나는 지구 과학자들이 만들어 낸 이름이 아닌 실제 이름을 말하는 거요."

"하지만 그건 허튼소리입니다. 대체 어떻게 실제 이름을 안다는 겁니까?"

랜섬이 쏘아붙였다.

"주민들에게 들었소."

랜섬은 시간이 걸려서야 이 말을 알아들었다.

"전에도 이 별인지 행성인지에 가 본 적이 있다는 뜻입니까?"

"그렇소."

"설마 나한테 그 말을 믿으라는 건 아니겠지요. 맙소사, 이건 늘 있는 일이 아니에요. 왜 아무도 그런 얘기를 들은 사람이 없지요? 왜 신문에 그런 기사가 나지 않은 겁니까?"

랜섬이 말했다.

"왜냐면 우린 바보가 아니니까."

웨스턴이 퉁명스럽게 대꾸했다.

잠시 침묵이 흐른 뒤 랜섬이 다시 입을 열었다.

"우리가 아는 행성의 이름은 뭡니까?"

"절대로 말하지 않겠소. 거기 도착해서 당신이 알아내는 방법을 안다면 그건 대환영이요. 당신의 과학 지식을 크게 걱정할 게 없을 테니까. 한편으로는 당신이 알 이유가 없소."

"그곳에 누군가 산다고요?"

랜섬이 물었다.

웨스턴은 특이한 표정으로 쳐다보더니 고개를 끄덕였다. 그 표정에 랜섬은 마음이 불편했고, 서로 부딪치는 감정들 속에 파묻혔던 분노가 더해졌다.

"대체 이게 나랑 무슨 상관입니까? 당신들은 나를 공격하고 약을 먹이고, 이제 이 지옥 같은 것에 가두어서 나를 끌고 가고 있소. 내가 무슨 잘못을 했기에 이러는 거요? 입이 있으면 말해 보시오!"

"왜 내 뒷마당에 도둑처럼 기어 들어왔느냐고 묻는 것으로 답을 대신하겠소. 당신이 쓸데없이 참견하지 않았으면 여기 있지도 않을 거요. 사실 우리가 당신의 권리를 침해해야 하는 것은 인정하오. 변명을 하자면, 소소한 불만은 큰일을 위해 양보해야 하오. 우리가 아는 한, 우리는 인류 역사상, 어쩌면 우주 역사상 처음 있는 일을 하고 있소. 우리는 인류가 시작한 작은 지점에서 벗어나는 법을 알아냈소. 무한, 그리고 그로 인한 영원이 인류의 손에 들어오고 있소. 편협하게 생각하면 안 되오. 한 개인이나 백만 개인의 권리나 삶은 이 일에 비하면 아주 하찮소."

"나는 생체 해부에 대해서도 반대했고, 언제나 반대하는 사람입니다. 한데 선생은 내 질문에 답하지 않는군요. 내게 뭘 원하는 겁니까? 이……말라칸드라에서 당신들에게 내가 무슨 소용이 있습니까?"

"그건 나도 모르오. 이건 우리의 생각이 아니었소. 우리는 명령에 따를 뿐이오."

"누가 명령하지요?"

또 침묵이 흘렀다. 마침내 웨스턴이 입을 열었다.

"갑시다. 이런 심문을 계속하는 것은 쓸모없는 짓이요. 당신은 내가 대답할 수 없는 질문을 계속하고 있소. 내가 답을 모르는 경우도 있고, 당신이 알아듣지 못할 테니 대답하지 않는 경우도 있소. 당신이 운명으로 돌리고 자신과 우리를 괴롭히지 않을 수 있다면, 여행 내내 훨씬 즐거워질 거요. 인생관이 답답하게 편협하고 개인주의적이지만 않다면 더 수월하련만. 당신이 요청받은 역할이라면 누구도 반기지 않을 수 없을 거요. 벌레라도 이해할 수 있다면 희생하겠다고 나설 텐데. 물론 시간과 자유의 희생을 말하는 거요. 약간의 위험도 따르죠. 내 말을 오해하지 마시오."

"모든 패는 당신들이 쥐고, 나는 어떻게든 극복해야 한다는 거로 군요. 당신의 인생관은 지독한 광기로 보입니다. 당신이 무한과 영원을 들먹이는 것은, 지금 여기서 어떤 짓—그 어떤 짓—을 벌이든 합리화하려는 속셈이오. 어떤 생명체든 인간의 자손이든 우주의 한 귀퉁이에서 몇 세기 더 기어 다닐 거라는 요행을 바라고 말이오."

과학자 웨스턴이 무뚝뚝하게 대꾸했다.

"그렇소, 무엇이든 간에 교육받은 자들의 견해는 완전히 내 편이오. 고전과 역사 같은 허접한 교육을 말하는 게 아니오. 당신이 핵심을 짚으니 다행이오. 내 대답을 명심하길 바라오. 어쨌거나 나를 따라 옆방으로 가서 아침 식사를 합시다. 일어날 때 조심하시오. 여기서의 체중은 지구에서의 무게에 비하면 거의 없다시피 하니까."

랜섬이 일어나자 웨스턴이 문을 열었다. 곧 방에 눈부신 금빛이 들어찼다. 너무 환해서 뒤쪽의 희미한 지구 반사광이 가려졌다.

"곧 검은 안경을 주겠소."

웨스턴이 앞장서서 빛이 쏟아지는 방으로 들어가며 말했다. 랜섬이 보기에 웨스턴은 문간을 향해 언덕을 올라간 것 같더니 문간을 지나자 갑자기 아래로 사라진 것 같았다. 랜섬이 따라가 보니—조심스럽게 좇아갔다—낭떠러지 가장자리로 올라가는 듯한 묘한 인상이 느껴졌다. 문간 너머로는 낭떠러지 쪽으로 새 방이 만들어지는 듯하여, 그 방의 안쪽 벽은 그가 떠나온 방의 바닥과 거의 같은 평면에 있었다. 하지만 그가 발을 내딛자 바닥은 계속 이어졌고, 두 번째 방에 들어서자 갑자기 벽들이 서 있고 머리 위에는 둥근 천장이 있었다. 뒤를 돌아보니 이번에는 침실이 기울어져서, 천장이 벽이고 벽 하나가 지붕이었다.

웨스턴이 랜섬의 시선을 좇다가 말했다.

"곧 익숙해질 거요. 우주선은 구처럼 생겼고, 이제 지구의 중력장을 벗어났으니 '아래'는 우리 작은 철제 세계의 중심부를 의미하오. 또 그렇게 느껴지고. 물론 이것을 미리 예측해서 우린 알맞게 우주선을 만들었소. 우주선의 가운데는 빈 구고 그 안에 필요한 것을 넣어 두었소. 그 구의 표면이 우리가 서 있는 바닥이오. 선실들이 둥근 표면을 둘러 나란히 배치되어 있고, 선실 벽들이 바깥 구를 둘러 지탱하고 있소. 우리가 천장으로 보는 것이 그 바깥 구요. 중심부가 언제나 '아래'이므로, 당신이 딛고 선 바닥은 언제나 평편하거나 수평으로 느껴지고, 당신이 기대선 벽은 늘 수직으로 보이는 거요. 한편 구를 이룬 바닥은 워낙 좁아서 항상 그 가장자리 너머를 볼 수 있고—벼룩이라면 지평선 너머가 되겠지요—그래서 당신은 다른 수평면에 있는 옆 선실의 바닥과 벽을 보는 거요. 물론 그것은 지구에서도 마찬가지지만. 지구에서는 우리가 작아서 못 보는 것뿐이오."

이렇게 설명한 뒤 웨스턴은 손님인지 포로인지가 편안하도록 빈틈없고 무뚝뚝하게 준비했다. 랜섬은 그의 조언에 따라 옷을 다 벗고, 작은 금속 띠를 찼다. 띠에는 커다란 추들이 달려 있어서, 몸이 가볍더라도 어느 정도 움직일 수 있게 해 주었다. 색안경을 끼고, 곧 식사가 차려진 작은 탁자에 웨스턴과 마주 앉았다. 배가 고프고 목이 말라서 얼른 식사를 했다. 식사는 깡통에 든 고기, 비스킷, 버터, 커피였다.

하지만 이 모든 동작을 기계적으로 했다. 옷을 벗고 먹고 마시는 일이 거의 의식하지 못한 채 지나갔고, 우주선에서의 첫 식사는 열기와 빛만 기억났다. 열기와 빛 모두 지구에서라면 견딜 수 없는 정도였지만, 질감이 색달랐다. 빛은 지금껏 본 어떤 빛보다도 희미했다. 순백색이 아니라 상상할 수 있는 모든 금색 중 가장 흐린 색이었다. 빛은 투광조명등처럼 뚜렷한 그림자를 드리웠다. 습기가 전혀 없는 열기는 거대한 안마사가 살갗을 주무르고 만지는 것 같았다. 나른함이 아니라 오히려 굉장히 민첩한 기운을 느끼게 했다. 두통이 사라졌다. 정신이 들고 용기가 났다. 지구에서는 좀체 느끼지 못한 활달한 기분이었다. 랜섬은 차츰 용기를 내서 채광창으로 눈을 들었다. 유리

틈새를 제외하면 온통 철제 가리개가 드리워졌고, 그 틈새는 무겁고 검은 물질로 된 블라인드로 덮여 있었다. 그래도 빛이 너무 밝아서 쳐다볼 수가 없었다.

"늘 우주는 어둡고 추울 거라고 생각했는데요."

그가 애매하게 말했다.

"태양을 잊었구만?"

웨스턴이 경멸하듯 대꾸했다.

랜섬은 한동안 먹기만 했다. 그러다가 입을 열었다.

"이른 아침인데도 이렇다면……."

그는 웨스턴의 표정을 보고 말을 멈추었다. 여기는 아침도, 저녁도, 밤도 없었다. 역사를 넘어 수세기 동안 수백만 입방마일을 채운 변함없는 낮만 있었다. 경외감이 밀려들었다. 랜섬이 다시 힐끗 쳐다봤지만 웨스턴은 손을 들더니 말했다.

"말하지 마시오. 필요한 이야기는 다 했소. 우주선에는 불필요한 힘을 쓸 정도의 산소는 실려 있지 않소. 말조차도 곤란하오."

얼마 후 그는 일어났고, 랜섬에게는 따라오라는 말도 없이 문을 지나 방을 나갔다. 랜섬은 열린 줄도 몰랐던 문들이 여럿 있었다.

5

우주선에서 보낸 기간은 랜섬에게는 공포와 초조한 시간이어야 했다. 두 사람 외에 모든 인간과 천문학적인 거리를 떨어져 있는 데다 그 둘은 믿지 못할 인간들이었다. 랜섬은 미지의 목적지를 향하고 있었고, 납치범들이 밝히기 거부하는 목적 때문에 끌려가고 있었다. 드바인과 웨스턴은 교대로 어떤 방을 지켰다. 랜섬은 그 방에 들어갈 수 없었는데, 기계를 제어하는 곳일 거라고 짐작했다. 웨스턴은 당번이 끝나면 거의 말이 없다시피 했다. 드바인은 더 수다를 떨었고, 가끔은 랜섬과 대화하며 실없이 웃었다. 결국 웨스턴이 조종실 벽을 두드려서 공기를 낭비하지 말라고 경고했다. 하지만 어느 시점을 넘어서면 드바인은 비밀이 많았다. 웨스턴의 진지한 과학적인 이상에 대해서는 비웃을 준비가 되어 있었다. 그는 여러 종들의 미래나 두 세계의 만남 따위는 안중에 없다고 말했다.

"말라칸드라에는 그 이상의 뭔가가 있지."

그는 눈을 찡긋하며 덧붙이곤 했다. 하지만 랜섬이 그 '뭔가'에 대해 물으면, 드바인은 모순된 태도를 보이며 백인의 짐과 문명의 축복에 대해 앞뒤가 안 맞는 말을 하곤 했다.

"그럼 누군가 살기는 하나?"

랜섬이 밀어붙였다.

"아……. 이런 일들에는 늘 지역에 대한 질문이 있기 마련이지."

드바인은 그렇게 대답하곤 했다. 대부분 그의 대화는 지구에 돌아가면 할 일로 흘러갔다. 바다에 띄운 요트, 최고로 근사한 여자들, 리비에라 해안(프랑스 남부 니스에서 모나코로 이어지는 지중해변—옮긴이)의 큰 집이 주된 계획이었다.

"난 재미나 보자고 이 모든 모험을 하지는 않겠네."

랜섬의 역할에 대해 직설적으로 물으면 드바인은 침묵했다. 딱 한 번 그런 질문에, 드바인은 '아기를 맡길 것'이라고 털어놓았다. 랜섬이 보기에 그는 취한 것 같았다.

드바인이 덧붙였다.

"하지만 자네는 보수적으로 살게 될 걸세."

이 모든 일은 그를 불안하게 하기에 충분했다. 하지만 이상하게도 랜섬은 크게 불안하지 않았다. 지금의 랜섬처럼 기분이 최고로 좋다면, 미래에 대해 고민하기란 쉽지 않은 일이다. 우주선의 한쪽은 늘 밤이고 다른 쪽은 늘 낮이었다. 다 놀라워서 그는 마음대로 기분 좋게 이쪽저쪽 옮겨 다녔다. 문의 손잡이를 돌리면 밤을 맞이할 수 있었다. 밤이면 몇 시간씩 누워서 채광창을 올려다보았다. 둥근 지구는 보이지 않고, 다듬지 않은 잔디밭에 제멋대로 자라난 데이지 무리처럼 별들이 총총하게 떠 있었다. 그 광경을 방해할 구름도, 달도, 일출도 없었다. 믿기 힘들 만치 대단한 행성들이 있었고, 상상도 못해 본 별자리들이 있었다. 사파이어, 루비, 에메랄드빛 별과 타오르는 금빛 별이 있었다. 시야의 왼쪽 끝 먼 곳에는 작은 혜성이 걸려 있고, 모든 것의 사이와 뒤편으로는 지구에서 보는 것보다 생생하고 손에 잡힐 것 같은, 그러나 크기를 알 수 없는 수수께끼 같은 암흑이 펼쳐졌다. 빛은 떨렸고 쳐다볼수록 점점 밝아지는 듯했다. 벌거벗은 채 침대에 누워 있자면, 랜섬은 밤이면 밤마다 옛 점성학이 점점 그럴 듯해졌다. 그는 마치 다나에(제우스가 금빛 비로 모습을 바꾸어 방으로 스며든 뒤 임신시킨 아름다운 여인—옮긴이)가 된 것처럼 내맡긴 자신의 몸에 '감미로운 기운'이 쏟아진다는, 아니, 뚫고 들어온다는 상상을 했다. 아니, 그렇게 느껴졌다. 불규칙적으로 딸랑 소리가 날 뿐 사방이 고요했다. 이제 그것은 운석들이 내는 소리라는 것을 알았다. 떠다니는 작은 우주 물질인 운석이 속이 빈 철제 북 같은 우주선을 계속 때렸다. 랜섬은 언젠가 큰 것을 만나서 운석으로 된 우주선을 만들 수 있을 거라고 생각했다. 하지만 겁이 나지 않았다. 그가 처음에 겁먹었을 때 웨스턴이 속이 좁다고 할 만도 했겠다 싶었다. 모험은 너무도 원대하고 그 분위기가 너무나 엄숙해서 기쁨 외의 어떤 감정도 생기지 않았다. 하지만 낮—즉 그들의 소우주의 해가 드는 쪽에서 보낸 시간—이 가장 좋았다. 랜섬은 종종 잠깐 잠을 잔 뒤, 억누를 수 없는 매력에 끌려 환한 곳으로 다시 왔다. 아무리 일찍 찾아가도 항상 그를 기다리는 한낮을 보며 감탄을 그칠 수 없었다. 그들이 탄 이상한 마차에서 순수한 천상의 색과 상처를 입히지는 않아도 강렬한 빛에 잠겨, 몸을 쭉 펴고 눈을 반쯤 감았다. 밤이 펼쳐진 곳 위쪽의 깊고 깊은 적막감 사이로 살짝 떨면서, 몸과 마음이 매일 닦이고 씻기며 새로운 활력에 넘치는 듯했다. 웨스턴은 마지못해 짤막하게 답하면서 이런 감각의 과학적인 원리를 밝혔다. 그는 그들이 지구의 대기를 뚫은 적이 없는 많은 광선을 받고 있다고 말했다.

하지만 시간이 흐를수록 랜섬은 다른 데서, 곧 정신적인 데서 마음이 가볍고 신나는 이유를 찾게 되었다. 그는 과학의 발전 이후 현대인의 마음에 생겨난 악몽을 벗고 있었다. '우주'에 관한 책을 읽고 나서, 오랫동안 그의 마음 한편에 우주는 어둡고 추운 진공 상태라는 우울한 공상이 생겼다. 우주는 완전한 죽음이고, 세상들을 갈라놓는 것 같았다. 그런 공상에 얼마나 영향을 받았는지 이제야 깨달았다. 이 빛의 최고천(고대 우주론에서 가장 높은 하늘―옮긴이)에 비하면, '우주'라는 이름이야말로 신성모독 같았다. 이것을 '죽음'이라고 할 수 없었다. 랜섬은 매순간 생명력이 안으로 쏟아져 드는 기분을 느꼈다. 이 바다에서 세상과 모든 생명체가 나왔으니 왜 안 그러겠는가? 그는 우주가 황량한 줄 알았다. 이제 이곳이 세상들의 자궁이며, 타오르는 수많은 자손들이 수많은 눈으로 밤마다 지구를 내려다본다는 것을 알았다. 그리고 이곳은 얼마나 더 많은 눈으로 볼까! 아니, '우주'는 틀린 이름이었다. 옛 학자들이 '천상'―영광을 선포하는 천

상—이라고 붙인 이름이 더 현명했다. 그는 가끔 밀턴의 시구를 흐
뭇해하며 인용했다.

　　낮이 눈을 감지 않는
　　넓은 들판 같은 하늘 위의
　　행복한 곳.

　물론 늘 빛을 바라보지는 않았다. 우주선을 다니면서(허락된 곳을)
이 방 저 방 구경했다. 힘찬 동작으로 공기가 부족해지지 않게 하라
는 웨스턴의 경고대로 천천히 움직였다. 우주선의 모양 때문에 평소
쓰는 방 외에도 여러 개가 더 있었지만, 랜섬은 우주선 주인들이, 적
어도 드바인은 돌아갈 때 짐을 채워 올 속셈이라는 생각이 들었다.
어처구니없는 과정에 의해 랜섬은 집사와 요리사를 맡게 되었다. 나
눠서 할 만한 일을 맡는 게 자연스러운 것 같았고—그는 조종실에는
들어갈 수 없었다—그의 뜻과 관계없이 웨스턴이 하인으로 삼으려는
속셈에 선수 치려는 의도도 있었다. 랜섬은 억지 노예 노릇보다는 자
발적으로 일하고 싶었다. 또 두 사람이 해 주는 음식보다는 직접 해
먹는 음식이 마음에 들었다.
　처음에는 뜻하지 않게, 나중에는 겁을 먹게 된 대화를 들은 것도
맡은 일을 하면서였다. 여행을 시작한 지 2주쯤(랜섬의 계산으로) 지났
을 때였다. 그는 저녁 식사 후 뒷정리를 하고, 햇볕을 쬐며 드바인—
랜섬이 보기에 둘 중 더 밉살스러웠지만 같이 있기가 웨스턴보다는 편했

47

다—과 수다를 떨다가 평소와 같은 때 침실로 갔다. 약간 안절부절 못하다가, 한 시간쯤 지났을 때 주방에 한두 가지 할 일이 있음을 깨달았다. 그 일들을 했어야 아침에 수월할 터였다. 주방은 살롱이나 빛이 비추는 방 쪽으로 트여 있고, 조종실 쪽으로 난 문은 닫혀 있었다. 랜섬은 일어나서 주방으로 갔다. 벌거벗어서 맨발이었다.

주방의 채광창은 배의 어두운 쪽에 있었지만, 랜섬은 전등을 켤 필요가 없었다. 문을 조금만 열어 두면 밝은 햇살이 들어와서 환했다. '살림'을 하는 사람은 다 알다시피, 아침 준비는 예상보다 덜 되어 있었다. 그는 경험 덕분에 일을 잘했고, 소리를 내지 않았다. 일을 끝내고 주방 문 뒤에서 수건으로 손을 닦는데, 조종실 문이 열리는 소리가 났다. 주방 바깥쪽에 사람의 윤곽선이 보이자 랜섬은 드바인이라고 짐작했다. 드바인은 살롱으로 나오지 않고 문간에 서서 이야기를 했다. 조종실에 대고 말하고 있었다. 그래서 랜섬은 드바인의 말소리는 들었지만, 웨스턴의 대답은 알아들을 수 없었다.

드바인이 말했다.

"진짜 바보짓이 될 것 같다니까. 우리가 내리는 곳에서 그 야수들을 만날 거라고 확신한다면 그것도 할 만하겠죠. 하지만 우리가 힘든 여행을 해야 된다면요? 당신의 계획대로라면 약 먹인 사내와 그의 배낭까지 끌고 가야 합니다. 우리랑 같이 걸어가면서 제 몫을 해내는 멀쩡한 사람이 낫죠."

웨스턴이 대답한 듯했다.

드바인이 대꾸했다.

"하지만 그는 알아내지 못해요. 어리석은 작자가 말해 준다면 모를까. 아무튼 의심한다고 해도, 그런 인간이 낯선 행성에서 도망칠 배짱이 있겠어요? 먹을 것도, 무기도 없이? 소른 *som*을 보자마자 당신이 시키는 대로 다 할 걸요."

다시 랜섬은 불분명한 웨스턴의 목소리를 들었다.

드바인이 말했다.

"내가 어떻게 알겠어요? 추장 같은 걸지 모르죠. 우상이랑 더 비슷할 테지만."

이번에는 조종실에서 아주 짧은 대꾸가 나왔다. 질문인 듯했다. 곧장 드바인이 대답했다.

"왜 그 친구가 필요한지 설명이 되겠네요."

웨스턴이 뭐라고 더 물었다.

"인간 제물이겠죠. 적어도 그들이 보기에는 인간이 아닐 테니까. 내 말이 무슨 뜻인지 알잖아요."

웨스턴은 이번에는 말이 많았고, 드바인이 큭큭대며 특유의 웃음을 터뜨렸다.

드바인이 말했다.

"네, 그래요. 당신이 숭고한 동기에서 모든 일을 하는 건 알아요. 그들이 나의 뜻대로 움직인다면, 당신은 그들에게 환영받겠지요."

웨스턴이 말을 이었고, 이번에는 드바인이 말을 끊은 듯했다.

"겁을 내는 건 아니시죠?"

드바인이 물었다. 그는 상대의 말에 귀 기울이는 듯 잠시 조용했다. 마침내 그가 대답했다.

"그렇게 야수들이 좋으면 머물며 자식을 낳는 편이 낫겠네요. 그들이 성이 있는지는 아직 모르지만. 걱정 말아요. 그곳을 깨끗이 치울 시기가 오면, 당신을 위해 두엇 남겨 줄 테니까. 애완동물을 삼든지, 해부를 하든지, 다 같이 자든지……마음대로 하라구요. 그래요, 알아요. 메스꺼운 말이죠. 그냥 농담 좀 한 거라구요. 갈게요."

잠시 후 드바인은 조종실 문을 닫고, 살롱을 지나 자기 방으로 들어갔다. 랜섬은 그가 문 거는 소리를 들었다. 이유는 모르지만 늘 하는 습관이었다. 이야기를 엿들은 긴장감이 풀렸다. 랜섬은 숨을 멈추고 있었음을 느끼고 심호흡을 크게 했다. 그러고는 조심스럽게 살롱으로 들어갔다.

가능한 한 빨리 침실로 돌아가는 게 신중한 처사임을 알았지만, 자기도 모르게 빛이 드는 곳에 조용히 섰다. 이제는 익숙한 빛 속을 전혀 다른, 에는 듯한 감정을 느끼며 바라보았다. 이 천상에서, 이 행복한 곳에서 그들이 내려갈 곳은 어디일까? 소른, 사람 제물, 메스꺼운 무성의 괴물들. '소른'이 뭘까? 이제 이 일에서 그의 역할은 꽤 분명해졌다. 누군가 아니면 뭔가가 그를 데려오라고 한 것이었다. 랜섬 개인을 지목했을 리는 없다. 누군가가 지구에서 오는 희생자를—어떤 희생자라도—원했다. 랜섬이 오게 된 것은 드바인이 선택했기 때문이었다. 처음으로—모든 상황을 미루어 볼 때 뒤늦은 놀라운 발견이었다—드바인이 내내 그를 미워했다는 것을 깨달았다. 랜섬이 그를 미워한 것 못지않게. 그런데 '소른'이 뭘까? 랜섬이 그들을 보면 웨스턴이 시키는 대로 다 할 거라고 했다. 랜섬의 마음은 동시대인들처럼 악령에 대한 생각으로 가득 찼다. H. G. 웰스(1866~1946, 《타임머신》, 《우주전쟁》, 《투명인간》 등을 쓴 공상과학 소설가—옮긴이)와 다른 작가들의 책을 읽었었다. 이제 그의 우주에는 고대와 중세의 신화는 비교도 안 되는 무시무시한 일이 넘쳐났다. 벌레 같은 것, 벌레가 파먹은 것이나 갑각류의 혐오스러움도 적수가 안 됐다. 뒤틀린 더듬이, 퍼덕이는 날개, 끈적대는 고리 모양, 끝이 말린 촉수도 비교가 안 됐다. 초인적인 지능과 채워지지 않는 잔인함이 괴물처럼 한 덩어리가 된 것도 외계에는 비할 수가 없는 것 같았다. 소른들이……그것들이……랜섬은 소른들이 뭔지 감히 생각하지 않았다. 그는 그들에게 바쳐질 터였다. 어쩐지 그들에게 잡히는 것보다도 소름끼치는 것 같았다. 주어지고, 넘겨지고, 바쳐지는 것이……. 랜섬은 상상 속에서 여러 괴물들을 보았다. 튀어나온 눈, 씩 웃는 입매, 뿔, 쐐기털, 하악골. 혐오스런 벌레들과 뱀들, 꾹 짓눌린 혐오스런 것들이 그의 신경에 대고 무시무시한 심포니를 연주했다. 하지만 현실은 더 나쁠 터였다. 지구 밖의 별개 세상일 테니까. 아무도 생각해 본 적 없고, 생각해 봤을 리가 없는 곳이니까. 그 순간 랜섬은 결정했다. 죽음과 대면할 수 있지만 '소른'과는 그럴 수 없었다. 말라칸드라에 도착했을 때, 도망칠 수 있으면 그래야 했다. 굶주리든 소른들에게 쫓기든, 그들에게 넘겨지는 것보다 나을 터였다. 탈출이 불가능하면 그때는 자살해야 했다. 랜섬은 신앙심이 깊은 사람이었다. 신에게 용서 받기를 바랐다. 달리 결정하는 것은 그의 능력 밖의 일이라고 생각했다. 그는 주저하지 않고 살그머니 주방으로 가서 가장 잘 드는 칼을 챙겼다. 앞으로는 꼭 그 칼을 지니기로 했다.

공포에 짓눌려 기운이 빠져서, 침대에 눕기 무섭게 곯아떨어졌다. 넋을 잃고 꿈도 꾸지 않는 잠에 빠졌다.

6

한결 상쾌한 기분으로 깨니 전날 밤의 공포가 창피스럽기까지 했다. 아주 심각한 처지인 것은 분명했다. 살아서 지구로 돌아갈 가능성은 거의 없을 터였다. 죽음과 맞설 수 있었고, 죽음에 대한 당연한 공포감이야 극복할 수 있었다. 정말 힘든 것은 괴물들에 대한 비이성적이고 생물학적인 공포였다. 아침 식사 후 햇살에 누워, 그 공포감과 대면했고 최대한 체념하며 받아들였다. 지금 경험 중인 천상을 나는 느낌을 땅에 붙어사는 생물 때문에 망쳐서는 안 됐다. 칼로 자신뿐 아니라 다른 것도 찌를 수 있다는 생각까지 했다. 랜섬이 호전적인 기분을 느끼는 것은 매우 드문 일이었다. 그 또래 남자들이 그렇듯 소년 시절의 꿈과 실제 전쟁 경험의 격차가 너무 커서, 지금껏 자신을 지나치게 비영웅적인 쪽으로 몰아갔다. 그는 현재의 확실한 기분이 짧은 망상으로 끝날까 봐 초조했다. 하지만 참고 극복해야 했다.

한 시간 한 시간 흐르고, 자고 깨는 영원 같은 나날 속에서 랜섬은 점점 변하는 기운을 알아차렸다. 기온이 천천히 떨어졌다. 그들은 옷을 입기 시작했다. 나중에는 따뜻한 속옷까지 입었다. 더 뒤에는 우주선의 중앙부에 전기 난방이 들어왔다. 또렷이 드러난 현상은 아니지만, 빛이 여행을 시작할 때보다 확실히 덜 강렬해졌다. 이성적으로 비교하면 확실했지만, 빛이 약해지는 기운을 감지하기는 어려웠다. 또 그것을 '암흑화'라고 볼 수는 없었다. 빛이 차츰 변한 반면, 독특한 느낌은 처음 본 순간과 다름없었으니까. 지구에서 빛이 흐려지는 것처럼 점점 습해지고 대기가 유령 같은 색으로 변하는 게 아니었다. 빛의 강도가 반으로 줄되 남은 절반이 여전히 이전처럼 빛나는—강도가 덜하기만 할 뿐—것을 랜섬은 간파했다. 다시 반으로 줄고, 나머지는 여전히 똑같고. 그런 식으로 빛은 늘 빛날 터였다. 마지막 힘이 다 쇠하는 상상할 수 없는 먼 곳에 갈 때까지. 랜섬은 그런 생각을 드바인에게 설명하려고 했다.

"그 모씨의 비누 같구만! 마지막 거품이 날 때까지 비누가 그대로라는?"

드바인이 싱긋 웃었다.

얼마 후 평온한 우주선 내의 생활이 방해받기 시작했다. 웨스턴은 곧 말라칸드라가 끌어당기는 중력을 느낄 거라고 설명했다.

"이제 우주선의 중앙부가 '아래'가 아니라는 뜻이오. 말라칸드라 쪽이 '아래'가 되니, 우리 쪽에서 보면 조종실이 될 거요. 결과적으로 대부분 침실의 바닥은 벽이나 지붕이 되고, 벽 하나가 바닥이 될 거요. 마음에 들진 않을 거요."

이후 두 사람이 조종실 임무를 교대하고 나오면, 랜섬은 그들을 도와서 중노동을 해야 했다. 물 깡통, 산소통, 총, 탄약, 음식을 적당한 벽을 따라 바닥에 쌓아야 했다. 새로운 '아래쪽'이 생길 때 똑바로 서 있도록 쌓아야 했다. 아직 작업이 한참 남았는데, 불편한 기운이 감지되기 시작했다. 처음에 랜섬은 팔다리가 힘들어서 그런 줄 알았지만, 다른 부분의 증세가 가라앉지 않았다. 그들을 끌어당기는 행성에 몸이 반응해서, 시시각각 체중이 늘어 24시간마다 두 배로 무거워졌다. 그들은 임산부 같은 경험을 했지만, 몸이 무거워지는 정도는 참기 힘들 정도였다.

게다가 방향 감각이—우주선에 탄 후 별로 자신이 없었다—계속 혼란스러워졌다. 지금껏 어느 방에서든 옆방의 바닥은 늘 내리막으로 보이면서도 수평으로 느껴졌다. 이제는 내리막으로 보이되, 느껴지는 것도 아주 약간 내리막이었다. 방에 들어갈 때는 자기도 모르게 뛰었다. 살롱 바닥으로 날아간 쿠션이 몇 시간 후 보면 몇 센티쯤 벽쪽으로 움직였을 뿐이었다. 그들 모두 구역질과 두통에 시달렸고 심장이 두근거렸다. 시시각각 상황이 나빠졌다. 곧 누군가 손으로 더듬대며 방에서 방으로 기어다닐 수도 있을 것 같았다. 메스꺼운 혼란 속에서 모든 방향 감각이 사라져 버렸다. 바닥이 뒤집혀 파리나 바닥에서 걸을 수 있다는 점으로 보면, 우주선의 일부분은 분명히 밑에 있었다. 하지만 랜섬이 보기에는 그 무엇도 확실하게 똑바르지 않은 것 같았다. 참을 수 없는 고도와 낙하하는 기분—천상에서는 전혀 없던 느낌이었다―이 계속 반복되었다. 물론 요리는 오래 전에 접었다. 음식은 최대한 서둘러 먹었고, 마시기가 몹시 힘들었다. 병을 입가가 아니라 입 아래 제대로 들고 있는지 자신할 수 없었으니까. 웨스턴은 전보다 더 우울하고 말수가 줄었다. 드바인은 술병을 손에 들고 이상한 욕설을 내뱉고, 그들을 데려온 웨스턴에게 저주를 퍼부었다. 랜섬은 말라붙은 입술이 아파서 침을 바르고, 멍든 팔다리를 살피며 마지막을 위해 기도했다.

구의 한쪽이 확실히 아래로 처진 때가 왔다. 벽에 붙인 침대와 탁자 더미는 이제는 벽이나 천장에 쓸모없고 이상하게 걸려 있었다. 문이었던 것들은 뚜껑 문이 되어서 잘 열리지 않았다. 그들의 몸은 납덩이로 된 것 같았다. 달리 할 일이 없자, 드바인은 짐 꾸러미에서 옷가지―말라칸드라 스타일 옷―를 꺼내고, 살롱 끝 벽(이제는 바닥)에 쭈그리고 앉아서 온도계를 보았다. 랜섬이 보니 옷가지에는 두꺼운 모직 속옷, 양가죽 조끼, 털장갑, 귀마개 달린 모자가 포함되어 있었다. 드바인은 그의 질문에 대꾸하지 않았다. 그는 온도계를 보면서 조종실의 웨스턴에게 소리치는 데만 열중했다.

그는 계속 고함을 질렀다.

"더 천천히, 천천히. 더 느리게 가라구, 답답한 양반아. 1~2분 후면 대기권에 들어가겠소."

그는 성난 말투로 매몰차게 덧붙였다.

"됐소! 내가 해 보겠소."

웨스턴은 대꾸하지 않았다. 공연한 충고를 하는 것은 드바인답지 않은 일이었다. 랜섬은 드바인이 공포나 흥분 때문에 제정신이 아니라고 생각했다.

　갑자기 우주의 빛이 꺼진 것 같았다. 악마가 천상의 얼굴을 검은 스폰지로 문지르기라도 한 것처럼, 그들이 오랫동안 누린 광명이 허옇게 되면서 창백하고 활기 없는 처량한 잿빛이 되었다. 그들이 앉은 곳에서 가리개를 열거나 무거운 블라인드를 말아 올리기는 불가능했다. 한때 천상의 들판을 미끄러지던 마차는, 조금 트인 창으로만 빛이 드는 낙하하는 철제 상자가 되어 버렸다. 그들은 천상에서 세상으로 떨어지고 있었다. 모험 전체에서 지금처럼 랜섬의 마음에 깊이 남을 때가 없었다. 그는 지금껏 어떻게 행성들과 지구까지도 완전한 허공에서 생명과 실체가 떠다니는 섬으로 생각할 수 있었는지 의아했다. 이제 그는 확실히 알았다. 행성들은—그의 생각 속에서는 '지구들'이라고 부르는—살아 있는 천상에서 구멍이나 벌어진 틈에 불과했다. 무거운 물질과 뿌연 공기로 된 쓰레기 더미인 행성들은 내쫓겨났으며, 주변에 빛을 더하는 것이 아니라 빼앗고 있었다. 하지만 태양계 너머에서 밝음은 끝난다고 랜섬은 생각했다. 그것은 정말 허공일까, 진정한 죽음일까? 만약……, 그는 생각을 정리했다. 만약 눈에 보이는 빛 역시 구멍이나 간격이 아니라면……, 다른 것이 축소된 형태에 불과하다면 어떨까. 천상이 어둠을 밝게 하듯, 뭔가가 변함없는 천상을 밝게 하는 것이라면…….

　상황은 예상대로만 흘러가지 않게 마련이다. 미지의 세계에 도착한 순간, 랜섬은 자기도 모르게 철학적인 사색에 푹 빠졌다.

7

"존 거요? 이제 새 행성들이 지겨워진 건가?"

드바인이 말했다.

"뭐가 보이나?"

웨스턴이 말을 끊으며 물었다.

"셔터가 꼼짝도 안 해요. 차라리 맨홀 구멍으로 나가야겠는데요."

드바인이 대답했다.

랜섬은 갈색조의 서재에서 정신을 차렸다. 일행 둘은 어둑어둑한 그의 뒤쪽에서 일하고 있었다. 랜섬은 추웠다. 지구에서보다 몸이 가벼운데도 참지 못할 만치 묵직하게 느껴졌다. 하지만 상황에 대한 감각이 또렷하게 돌아왔다. 두렵기도 했지만 호기심이 더 컸다. 곧 죽음이 다가올지 모른다. 그러나 사형이라면! 벌써 밖에서 찬 공기가 들어오고 빛도 들었다. 그는 일하는 두 사람의 어깨 사이를 내다보려고 조바심치며 고개를 돌렸다. 잠시 후 마지막 나사가 풀렸다. 그는 맨홀 구멍 바깥을 내다보게 되었다.

당연히 보이는 것은 땅뿐이었다. 연분홍색 원이 보였다. 키 작은 식물인지, 주름지고 껄끄러운 바위나 흙인지 가늠할 수 없었다. 곧 드바인의 검은 형체가 구멍을 가렸고, 랜섬은 얼른 그가 권총을 들고 있음을 알아차렸다. '나를 쏘려고? 아니면 소른? 아니면 둘 다?' 그는 궁금했다.

"이제 당신 차례요."

웨스턴이 무뚝뚝하게 말했다.

랜섬은 숨을 깊이 쉬고 허리띠 밑의 칼을 더듬었다. 그는 머리와 어깨를 맨홀 구멍으로 밀어 넣고, 말라칸드라의 흙을 두 손에 담았다. 분홍색 물질은 인도 고무처럼 보드랍고 약간 탄력이 있었다. 식물이 분명했다. 곧 랜섬이 고개를 들었다. 연파랑 하늘이 보였다. 지구였다면 겨울 아침의 하늘 같았다. 하늘 아래에는 장밋빛의 커다란 소용돌이 덩어리가 있었는데 그는 구름일 거라고 생각했다.

"나가시오."

뒤에서 웨스턴이 말했다. 랜섬은 빠듯하게 몸을 뺀 후 발을 딛고 일어났다. 공기는 차지만 그리 매섭지는 않았고, 목이 약간 칼칼한 느낌이었다. 주위를 돌아보니, 신세계에 빠져들고 싶은 강렬한 욕망이 단박에 사그라졌다. 색깔밖에 보이지 않았다. 색깔은 사물의 형태가 되기를 거부했다. 더구나 가늠할 수 있을 만큼 잘 아는 게 없었다. 그게 뭔지 대강이라도 알아야 모양이 보이는 법이다. 그는 밝고 희미한 세상이라는 첫인상을 받았다. 아이들 물감통에서 나온 수채화 세상 같았다. 잠시 후에는 물처럼 파란 평지나 물 비슷한 것이 그의 발치에 있음이 감지되었다. 그들이 있는 곳은 호수나 강가였다.

"그럼 이제."

웨스턴이 말했다. 그는 랜섬을 스치고 지나갔다. 랜섬은 몸을 돌리다가 놀랐다. 가까운 뒤쪽에 알아볼 만한 게 있었다. 이상한 재료로 지었지만 지구에 있는 것과 똑같은 오두막이었다.

랜섬이 놀라며 말했다.

"사람이 있군. 그들이 집을 짓나?"

"우리가 짓지. 다시 맞춰 보게."

드바인이 말했다. 그는 주머니에서 열쇠를 꺼내, 오두막에 달린 평범한 자물통을 열었다. 랜섬은 실망감인지 안도감인지 모를 감정을 느끼며, 그를 잡아온 자들이 캠프로 돌아온 것뿐임을 알았다. 그들은 캠프에 돌아온 사람이 할 만한 행동을 했다. 오두막으로 들어가서 창문으로 쓰는 얇은 널빤지를 벗기고 갑갑한 공기를 킁킁댔다. 자신들이 이렇게 지저분하게 해 놓고 떠났냐며 놀라움을 표현하더니 곧 다시 나타났다.

"물품을 챙기는 게 좋겠소."

웨스턴이 말했다.

랜섬은 관찰할 틈이나 도망칠 기회가 없으리란 것을 곧 알았다. 식품, 옷가지, 무기를 비롯해 뭔지 모를 짐을 우주선에서 오두막으로 옮기는 단조로운 일에 한 시간쯤 매달리면서, 납치범들과 수시로 부딪쳤다. 하지만 알아낸 게 있었다. 무엇보다도 말라칸드라가 아름답다는 것을 알았다. 어떻게 그런 생각을 해 본 적이 없을 수 있는지 의아하기까지 했다. 우주에 괴물들이 산다는 왜곡된 상상 때문에, 낯선 행성에는 바위투성이의 황량함이나 무시무시한 기계류밖에 없을 거라고 생각하고 있었다. 이제껏 왜 그리 생각했을까 싶었다. 또 그들 주위에 적어도 3면이 파란 물이라는 사실도 알아냈다. 다른 한 면에는 그들이 타고 온 거대한 철제 축구공이 놓여 있었다. 사실 오두막은 반도 끝이나 섬 끄트머리에 지어져 있었다. 또 차츰 물이 지구처럼 어떤 빛에서만 파란 게 아니라 '진짜' 파랗다는 결론을 내렸다. 가벼운 바람이 불자 물이 움직였고 랜섬은 당황했다. 물살이 이상하거나 부자연스러웠기 때문이다. 우선 바람에 비해 움직임이 지나치게 컸지만, 이상한 것은 그뿐이 아니었다. 물살을 보자, 바다 전투 그림에서 포탄의 충격을 받아 물이 치솟는 광경이 연상됐다. 그때 문득 깨달았다. 그림들은 형태가 잘못되었다. 물이 솟구친 길이에 비해 지나치게 높게 그려졌고, 바닥은 너무 좁은데다 측면은 너무 경사졌다. 랜섬은 '포탑이 있는 벽들'처럼 치솟는 바다를 묘사한 현대시가 생각났다.

"받게!"

드바인이 외쳤다. 랜섬은 짐을 받아서 오두막 문간에 있는 웨스턴에게 던졌다.

물의 한쪽은 길게 뻗어 있었다. 랜섬은 4백 미터쯤 되겠다고 짐작했지만, 낯선 세계에서 전체적으로 보기는 힘들었다. 맞은편은 훨씬 좁아서 폭이 4~5미터밖에 안 됐고, 여울로 흘러드는 것 같았다. 끊어지다가 휘휘 도는 물은 지구의 개천보다 나직하게 쉿쉿 소리를 내며 흘렀다. 물결이 이쪽 기슭을 지나는 곳은 물거품이 일고 반짝거려서 활기차 보였다. 가장자리에는 연분홍색 식물이 있었다. 랜섬은 일하는 틈틈이 흘끔흘끔 보면서 먼 해변을 가늠해 보려 애썼다. 히스가 뒤덮인 산처럼 보이는 보라색 무더기가 처음 눈에 들어왔다. 맞은편에는 더 넓은 물 뒤로 같은 종류의 물체가 보였다. 하지만 그쪽으로는 물체의 꼭대기 너머가 보였다. 기묘하게 곧추선 희끗한 초록 물체들이 있었다. 삐죽삐죽하고 불규칙해서 건물 같지는 않고, 너무 가늘고 가팔라서 산도 아닌 것 같았다. 이런 것들의 뒤와 위쪽으로 다시 구름 같은 장밋빛 덩어리가 있었다. 구름일 수도 있지만, 아주 단단해 보였다. 또 그가 맨홀 구멍에서 처음 본 후로 움직이지 않은 것 같았다. 그것은 커다랗고 붉은 콜리플라워(꽃양배추) 머리처럼 생겼다. 빨간 비누 거품이 담긴 커다란 그릇 같다고 할까. 색깔과 모양이 아주 예뻤다.

어안이 벙벙한 랜섬은 여울 뒤쪽의 가까운 해안으로 관심을 돌렸다. 한순간 보라색 무더기는 오르간 파이프들처럼 보이더니, 두루마리 천들이 세워진 것처럼 보였다. 그러다가 안팎이 뒤집힌 대형 우산들의 숲으로 보였다. 그것은 가만히 움직였다. 갑자기 그의 눈에 물체가 들어왔다. 보라색 물체는 식물이었다. 더 정확히 말하면, 영국 느릅나무보다 키가 두 배나 됐지만 부드럽고 여린 식물이 분명했다. 누구도 나무줄기라고 부를 수 없는, 매끈하고 둥글고 놀랍도록 가는

대가 12미터 높이로 솟았다. 그 위로 커다란 식물들이 다발 모양으로 펼쳐졌다. 가지가 아니라 이파리가 돋아났고, 잎은 구멍정만 한 크기였지만 투명하다시피 했다. 전체적인 모양은 랜섬이 상상하는 해중림(바닷속 갈색 조류가 번식하는 장소―옮긴이)과 대충 비슷했다. 식물들은 너무 크고 연약해서 떠받쳐 줄 물이 필요할 것 같았다. 랜섬은 식물들이 공중에 매달려 있을 수 있는 데 감탄했다. 아래쪽, 줄기들 틈에서 생생한 보라색 빛이 보였고, 더 흐린 햇살이 얼룩덜룩하게 비쳐들었다. 숲의 안쪽 풍경은 그랬다.

"점심 먹을 시간이구만."

드바인이 불쑥 말했다. 랜섬은 허리를 폈다. 공기가 희박하고 찼지만 이마가 촉촉했다. 그들은 정신없이 일했고, 랜섬은 숨이 찼다. 웨스턴이 오두막집 문간에 나타나서 '일부터 끝내자'고 중얼댔다. 하지만 드바인이 그의 말을 막았다. 쇠고기 통조림과 비스킷을 꺼내서, 아직 우주선과 오두막 사이에 많이 놓여 있는 상자에 앉았다. 위스키를―이번에도 드바인은 마시자고 하고 웨스턴은 말렸지만―양철 컵에 붓고 물을 섞었다. 랜섬은 그들이 물을 파란 호수에서 떠오지 않고, 물통에서 따라왔다는 것을 알았다.

흔히 그렇듯, 랜섬은 육체 활동을 중단하니 착륙한 후로 일하느라 억눌렀던 감정에 다시 동요되었다. 먹는 것은 별일 아닌 듯 보였다. 하지만 자유를 찾아 달아날 가능성에 대비해서 억지로 평소보다 많이 먹었다. 음식을 먹자 입맛이 돌아왔다. 음식이든 술이든 손에 집히는 대로 먹어 댔다. 첫 식사의 맛은 처음 착륙했을 때 본(다시는 못

63

봤다), 환하고 고요하게 빛나는 낯선 풍경과 묶여서 머리에 각인되었다. 수백 미터 높이의 연초록빛 뾰족한 형체들, 눈부시게 파란 거품이는 물, 수천 평방미터쯤 펼쳐진 빨간 장밋빛 비누 거품. 랜섬은 그가 전에 없이 식탐을 부리는 것을 일행이 눈치 채고 의심할까 염려스러웠지만, 두 사람의 관심은 다른 데 쏠려 있었다. 그들의 눈길은 쉼 없이 사방을 두리번댔고, 무심코 대화하면서 자주 자세를 바꾸었다. 또 계속 어깨 너머를 돌아다보았다. 랜섬이 느릿느릿 식사를 마쳤을 때, 드바인이 개처럼 뻣뻣해지더니 말없이 웨스턴의 어깨에 손을 얹었다. 두 사람은 고개를 끄덕였다. 그들이 일어났다. 랜섬은 마지막으로 위스키를 삼키고 따라 일어났다. 그는 두 납치범 사이에 있었다. 둘 다 총을 꺼내들었다. 그들은 랜섬을 폭이 좁은 호숫가로 데려갔고, 호수 건너편을 보면서 손짓했다.

처음에 랜섬은 그들이 가리키는 것을 제대로 보지 못했다. 보라색 식물들 틈에서 본 것보다 흐리고 가느다란 식물로 보였다. 그는 땅을 살피느라 정신이 팔려서 그들을 주시하지 않았다. 현대적인 공상 속에 나오는 파충류에 대한 두려움과 벌레에 대한 두려움에 잔뜩 사로잡혀 있었다. 랜섬이 그들에게 다시 눈길을 준 것은 새롭게 물에서 흰 물체들이 반사되었기 때문이다. 흐르는 물에서 길게 줄무늬진 흰 것이 움직이지 않았다. 물체는 네댓, 아니, 정확히 여섯이었다. 랜섬이 고개를 들었다. 하얀 것 여섯이 거기 서 있었다. 호리호리하고 나긋나긋한 것들은 사람 키의 두세 배 높이였다. 랜섬은 야만인 화가들이 그린 사람들의 형상이라는 생각을 했다. 고고학 문헌에서 그런 것들을 본 적이 있었다. 하지만 그들은 무엇으로 만들어질 수 있으며, 어떻게 서 있을 수 있을까? 다리는 기묘하게 가늘고 길고, 무거운 머리는 가슴에서 튀어나오고, 가늘고 유연해 보이는 두 발 동물의 뒤틀린 모습……. 형태가 일그러지는 거울에 비친 모습과 비슷했다. 랜섬이 지켜볼 때 살짝 흔들린 것을 보면 몸이 돌이나 쇠붙이는 아니었다. 랜섬은 충격을 느껴서 얼굴에서 핏기가 싹 가시는 것 같았다. 그들은 살아 있었다. 그들은 움직였고, 그들이 그에게 다가오고 있었다. 랜섬은 겁에 질려 그들의 얼굴을 힐끗 보았다. 가늘고 부자연스럽게 길었다. 유령 같기도 하고 바보 같기도 한 길다란 처진 코와 처진 입매가 진지해 보였다. 그때 랜섬이 도망치려고 몸을 돌리자, 드바인이 붙들었다.

"보내 주게."

랜섬이 소리쳤다.

"바보처럼 굴지 말아."

드바인이 총부리로 찌르며 윽박질렀다. 그들이 옥신각신할 때, 물체 하나가 호수 너머로 목소리를 보냈다. 머리 위쪽에서 커다랗게 울리는 소리였다.

"우리더러 건너오라는군."

웨스턴이 말했다.

두 사람은 랜섬을 물가로 떠밀었다. 랜섬은 발을 땅에 붙이고 등을 굽히면서 나귀처럼 버텼다. 이제 두 사람은 물속에서 당겼고 랜섬은 아직 육지에 있었다. 그는 자기도 모르게 비명을 질러 댔다. 갑자기 호수 저편에서 더 크고 덜 분명한 소리가 터져 나왔다. 웨스턴도 고함을 지르면서 랜섬을 잡은 손을 놓았다. 그가 갑자기 건너편이 아니라 하늘에 대고 총을 쏘았다. 랜섬은 그 순간 이유를 알았다.

어뢰 자국 같은 거품이 줄지어 그들을 향해 다가왔고, 그 중에 커다랗게 빛나는 야수가 있었다. 드바인이 욕설을 퍼붓다가 미끄러져서 물속에서 넘어졌다. 랜섬은 그들 사이에서 딱딱 다무는 입을 보았고, 옆에서 웨스턴이 총을 쏘는 소리에 귀가 멍멍했다. 저쪽 물가에서도 총소리처럼 요란한 소리가 났다. 괴물들도 물에 빠진 모양이었다. 랜섬은 결정할 필요가 없었다. 납치범들이 손을 놓은 순간, 자동적으로 그들 뒤로 내달려 우주선 뒤로 갔다. 그는 최대한 빨리 달려 전혀 모르는 곳으로 갔다. 금속 구체를 빙 돌아가니, 뒤죽박죽 섞인 파란색, 보라색, 빨간색이 눈에 들어왔다. 랜섬은 뭔지 알아보려고 속도를 늦추지 않았다. 그는 물로 텀벙 뛰어들다가 소리를 질렀다. 통증 때문이 아니라, 물이 따뜻해서 놀라서였다. 1분도 안 되어 그는 다시 마른 땅 위로 올라오고 있었다. 가파른 경사면을 뛰어올랐다. 이제 그는 숲을 이룬 커다란 식물의 줄기들 사이에 드리운 보랏빛 그림자 속을 달리고 있었다.

8

한 달간 움직이지 않고 과식하며 미지의 세계에 있는 것은 뛰는 데 도움이 안 된다. 반 시간 후 랜섬은 뛰지 않고 걸었다. 숲을 지나면서 한 손으로 아픈 배를 잡고, 쫓아오는 소리가 나는지 귀를 쫑긋 세웠다. 뒤에서 연발 권총과 목소리가(사람 소리 아닌 소리도 있었다) 시끄럽게 나다가, 먼저 소총과 고함 소리가 드문드문 나더니 완전히 조용해졌다. 시선이 닿는 한은, 보랏빛 그림자 속에서 희미해지는 거대한 식물의 줄기들만 보였다. 머리 위의 투명한 큰 잎사귀에 투과된 햇빛이 그가 지나는 길의 어스름을 비추었다. 랜섬은 뛸 수 있을 듯할 때마다 다시 뛰었다. 바닥은 부드럽고 탄력이 있었다. 처음 말라칸드라에서 만진 탄력 있는 풀이 뒤덮여 있었다. 한두 차례 작고 빨간 것이 오솔길을 기어갔지만, 그 외에 숲에는 움직이는 생명체가 없는 것 같았다. 두려울 게 없었다. 수천, 수백만 마일 떨어진 사람이 모르는 곳에서, 아무 준비 없이 혼자서 낯선 식물들의 숲을 헤맨다는 사실을 제외하면.

하지만 랜섬은 '소른'에 대해 생각했다. 납치범들이 그를 넘겨주려던 생명체들이 소른임이 분명했다. 그들은 랜섬이 상상하던 공포스런 대상과는 달랐고, 그 때문에 방심하게 되었다. 그들은 웰스H. G. Welse식 공상 혹은 그 이전의 유치하고 복잡한 공포스런 것들에 어울렸다. 예를 들어 거인 도깨비, 유령, 해골 등이 핵심적인 것들이다. 랜섬은 죽마竹馬에 탄 유령이라고 중얼댔다. 초현실적인 긴 얼굴의 유령들. 동시에 처음의 옴짝달싹못하게 하는 공포감은 빠져나갔다. 자살이라는 생각은 이제 마음에서 달아났고, 대신 끝가지 운에 맡기기로 했다. 그는 기도하고 칼을 더듬었다. 이상한 자신감과 자신을 향한 애정이 솟구쳤다. '우리 서로 놓치지 말자'는 말이 나오려는 것을 참았다.

바닥이 험해지면서 생각을 방해했다. 그는 몇 시간 동안 오른쪽의 가파른 땅을 꾸준히 올라가고 있었다. 언덕을 반쯤은 그대로 올라가고 반쯤은 빙 둘러가고 있었다. 이제 그는 앞에 놓인 여러 산등성이를 넘게 되었다. 오른쪽 고지대의 튀어나온 부분부터 넘어야 했다. 랜섬은 왜 산등성이들을 넘어야 되는지 몰랐지만, 무슨 이유에선지 넘었다. 얼핏 지구의 지리학을 기억해 보건대, 저지대는 숲과 물 사이의 황량한 지역으로 트여 있다고 했다. 소른들은 거기서 그를 잡을 것 같았다. 그는 산등성이와 골짜기를 지나면서 극도로 경사진 길을 계속 갔지만, 어쩐 일인지 그 길을 지나기가 그리 힘들지 않았다. 그는 지구의 언덕에 해당하는 아주 작은 산도 이상한 모양새라는 것을 알아차렸다. 폭이 너무 좁고, 끝이 너무 뾰족하고 바닥도 넓지 않았다. 그는 푸른 호수의 물결도 비슷하게 이상했다는 것을 기억했다. 보랏빛 나뭇잎을 올려다보니, 똑같이 수직으로, 똑같이 하늘을 향해 나 있었다. 나뭇잎들은 끝이 기울어지지 않았다. 크기가 컸고, 공기는 나뭇잎을 떠받칠 만큼 충분했다. 숲의 긴 통로는 부채꼴로 모두 곧추 서 있었다. 마찬가지로 소른들 역시 이상하게 길쭉했다는 생각을 하며 랜섬은 부르르 떨었다.

그는 지구보다 가벼운 세계에 있다고 짐작할 만큼의 과학 지식이 있었다. 이곳에서는 힘이 덜 필요했고, 자연은 하늘로 향하려는 충동에 자유롭게 따랐다. 이런 생각을 하자 이곳이 어디인지 궁금해졌다. 랜섬은 금성이 지구보다 큰지 작은지 기억할 수가 없었다. 금성이 이곳보다 더우리란 것은 알았다. 어쩌면 화성에 와 있을까. 아니면 달에 있을지도 몰랐다. 달은 아닌 것 같았다. 여기가 달이라면, 착륙할 때 하늘에서 지구를 봤을 테니까. 하지만 나중에야 달의 한쪽 면은 언제나 지구를 외면하고 있다고 들은 기억이 났다. 아는 바로 미루어 그는 달의 지구를 등진 쪽을 헤매고 있었고, 어처구니없기는 해도 이런 생각을 하자 지금까지보다 처량한 기분이 밀려들었다.

그가 지난 여러 계곡은 개천이 흘렀다. 쉿쉿 소리를 내며 파란 실 개천이 왼쪽의 저지대로 급히 흘러내렸다. 호수처럼 개천물도 따뜻했고 위쪽의 공기도 따뜻했다. 그래서 계곡의 비탈길을 오르내리니 계속 온도가 달라졌다. 작은 계곡의 비탈을 넘을 때 숲이 점점 서늘해지고 있음을 처음으로 알아차렸다. 기온이 대조되었다. 주위를 둘러보니 빛도 잦아들고 있었다. 밤이 오리라는 것은 계산에 넣지 않았다. 말라칸드라의 밤이 어떨지 짐작할 방도가 없었다. 어두컴컴해지는 광경을 바라보며 서 있으려니, 보랏빛 줄기 사이로 찬바람이 스며들어 줄기들을 흔들어 댔다. 다시 한 번 줄기의 크기와 대조되는 유연성과 가벼움이 드러났다. 두려움과 상황에 대한 궁금증으로 오래 잊고 있던 허기와 고단함이 갑자기 밀려들었다. 그는 떨렸다. 나아가야 했다. 바람이 차츰 세어졌다. 큰 이파리들이 너울대며 랜섬의 머리 위로 드리워지자, 점점 흐려지는 하늘이 힐끗 보였다. 그러더니 불편하게도 하늘에 별이 하나 둘 떴다. 이제 숲은 조용하지 않았다. 그는 다가오는 적이 있는지 살피느라 여기저기 쳐다보았고, 얼마나 급히 어두워지는지 알게 되었다. 이제 따뜻한 개천물이 반가웠다.

점점 심해지는 추위를 막을 수 있는 방법으로 처음 떠오른 게 이것이었다. 더 멀리 가 봤자 소용없었다. 랜섬이 아는 바로는 걷는 것이 위험에서 벗어나는 것일 뿐 아니라 다가가는 것일 수도 있었다. 모든 게 위험했고, 쉬는 것보다 나아가는 게 안전할 것도 없었다. 어떤 개천 옆에는 누우면 따뜻할 것 같았다. 그는 다리를 끌면서 다른 계곡을 찾아 나섰고, 한참 걷다 보니 계곡에서 벗어났다는 생각이 들기 시작했다. 돌아가려고 마음 먹을 무렵, 땅이 갑자기 가파른 내리막길이 되기 시작했다. 미끄러졌다가 일어나 보니 여울 가장자리에 있었다. 나무들은—나무라고 볼 수 없긴 했지만—머리 위에서 잎이 서로 닿지 않았고, 물 자체가 살짝 인광燐光을 발하는 것 같아서 근처가 더 밝았다. 오른쪽에서 왼쪽으로 경사가 급했다. 야영객이 '더 나은' 곳을 찾으려고 욕심을 부리듯, 랜섬은 몇 미터쯤 상류로 올라갔다. 계곡이 점점 가팔라졌고, 그는 작은 폭포에 이르렀다. 가파른 정도에 비해 물살이 너무 완만하게 흐른다는 생각이 얼핏 들었지만, 너무 고단해서 곰곰이 따져 볼 수가 없었다. 호수 물보다 확실히 뜨거웠다. 지하의 열이 나는 곳에 더 가까워서일 터였다. 랜섬은 이 물을 마셔도 될지 정말 알고 싶었다. 몹시 갈증이 났지만, 물은 독이 있을 것 같았고, 물 같지가 않았다. 마셔 보고 싶지 않았다. 어쩌면 하도 지쳐서 갈증이 나도 잠들어 버릴 것 같았다. 그는 무릎을 꿇고서 손을 따스한 여울에 담갔다. 그러고는 폭포 옆의 빈 땅으로 굴러가니 하품이 나왔다.

자신의 하품 소리—밤의 아기방이나 학교 기숙사, 여러 침실들에서 듣던 소리—를 듣자 자기 연민이 밀려왔다. 그는 무릎을 당겨서 끌어안았다. 자기 몸뚱이에 대해 물리적이고 거의 자식 같은 사랑이 느껴졌다. 손목시계를 귀에 대 보고 멈추었다는 것을 알았다. 태엽을 감았다. 훌쩍이다시피 중얼대면서, 머나먼 지구에서 잠자리에 드는 사람들을 생각했다. 클럽, 여객선, 호텔에 있는 사람들, 결혼한 사람들, 방에서 보모와 자는 어린애들, 선원실과 참호에 모인 담배 냄새 나는 사내들. 혼잣말로 중얼대지 않을 수 없었다.

"우리가 너를 돌봐줄게, 랜섬……. 잘 지내자, 친구."

턱을 딱 부딪치는 생물이 여울에 살지 모른다는 생각이 머리를 스쳤다. 그는 중얼중얼 대답했다.

"네 생각이 옳아, 랜섬. 밤을 보낼 만한 안전한 곳이 아니야. 네가 기운을 차릴 때까지 잠깐 쉬다가 다시 가 보자. 지금은 못 가. 당장은."

9

랜섬이 깬 것은 갈증 때문이었다. 옷이 축축했지만 따뜻하게 잤다. 정신을 차리니 햇빛을 받으며 누워 있었고, 옆에서는 파란 폭포가 춤추며 반짝거렸다. 폭포는 파란 물에 투명한 그림자를 드리우고, 숲의 나뭇잎들 아래쪽까지 기이한 빛을 쏘았다. 묵직하게 의식이 돌아오면서 처지를 깨닫자 참을 수가 없었다. 겁먹지만 않았더라면 지금쯤 소른들에게 죽었겠지. 그때 숲에서 헤매던 사람이 있었다는 것을 기억하자 말할 수 없이 안심이 되었다. 그 가여운 영혼을 만나면 반가울 텐데. 그에게 다가가 "안녕하시오, 랜섬"이라고 말하리라……. 그는 당황하며 생각을 멈추었다. 아니, 그 사람은 자신이었다. 내가 랜섬인데. 아니, 그가 랜섬인가? 그를 뜨거운 개천으로 이끌고 잠자리를 잡게 해 주고, 이상한 물을 마시지 말라고 한 사람은 누구인가? 그처럼 이곳을 잘 모르는 새로 온 사람이겠지. 하지만 랜섬은 그에게 뭐라고 말했든 이제는 물을 마실 작정이었다. 물가에 엎드려서 따뜻한 물에 얼굴을 담갔다. 물을 먹으니 좋았다. 광물 맛이 짙게 풍겼지만 아주 좋았다. 다시 물을 마시니 기분이 한결 상쾌해지고 안정되었다. 다른 랜섬에 대한 생각은 우스꽝스러웠다. 그는 미치는 것의 위험을 잘 알았기에 기도에 정신을 쏟았으며, 용변을 잘 보려고 애썼다. 미치는 게 대단히 중요해서가 아니었다. 어쩌면 이미 미쳐서, 여기가 말라칸드라가 아니라 영국의 정신병원에서 안전하게 침대에 있는 것일지도 몰랐다. 그렇다면 얼마나 좋을까! 그는 랜섬에게 묻고 싶었다. 이런 망할! 또 그 생각을 하다니. 랜섬은 일어나서 재빨리 걷기 시작했다.

걷는 동안 몇 분에 한 번씩 망상이 되살아났다. 그는 머릿속으로 가만히 있다가 망상들을 마음에서 내모는 법을 익혔다. 사실 걱정할 필요가 없었다. 망상이 사라지면 다시 정신을 차릴 수 있었다. 음식 문제가 더 중요했다. 랜섬은 칼로 '나무'를 건드려 보았다. 예상한 대로 나무처럼 단단하지 않고 채소처럼 말랑했다. 한 조각 잘라 냈는데, 나무 전체가 꼭대기까지 떨렸다. 장비를 갖춘 범선의 돛을 한 손으로 흔들 수 있는 것과 비슷했다. 나무 조각을 입에 넣자 별다른 맛이 없었지만 그렇다고 불쾌한 맛도 아니어서, 한동안 만족스럽게 씹었다. 하지만 그걸로 끝이었다. 나무 조각은 삼킬 수가 없고, 그저 껌처럼 씹는 정도로 그쳤다. 그는 첫 조각을 씹은 뒤에도 여러 조각을 씹었다. 위안이 되었다.

어제 같은 탈주를 계속할 수는 없었다. 먹을거리를 찾으려고 밑도

끝도 없이 걸어야 될 터였다. 말라칸드라에 그가 먹을 만한 것이 있
는지 없는지도 모르고, 있다 해도 분간할 방법을 모르니 찾는 것도
애매한 일이었다. 아침나절에 한 차례 겁나는 일이 있었다. 좀 트인
빈터를 지날 때 커다란 노란 물체 하나가 보였는데, 곧 두 개가 되었
다. 그러더니 떼 지어 그에게 다가오는 것이었다. 랜섬은 달아날 새
도 없이 기린 같은 연노랑 동물들 틈에 섞이게 되었다. 뒷다리로 서
고 그 자세로 몇 걸음 걷는다는 것 외에는 그가 아는 동물 중 기린과
가장 비슷했다. 기린보다는 날씬하며 훨씬 키가 컸고, 보라색 식물의
꼭대기에서 잎을 먹어 치웠다. 그들은 촉촉한 눈망울로 랜섬을 바라
보면서 낮게 흐응 소리를 냈지만, 적대적인 태도는 아니었다. 식욕이
왕성해서 5분 만에 수백 그루의 '나무' 꼭대기가 사라졌고, 그 틈으
로 햇빛이 숲에 비쳐 들었다. 그들은 나뭇잎을 먹더니 지나갔다.

이 일은 랜섬에게 한없는 위안을 주었다. 이곳에 소른들 말고는 생
명체가 없을까 봐 걱정되기 시작하던 참이었다. 이곳에는 봐 줄 만한
동물 같은 게 있었다. 사람이 길들일 수 있는 동물 같고, 그것이 먹는
것은 사람도 먹을 수 있을 것 같았다. '나무'에 올라갈 수만 있다면!
랜섬은 이 어려운 일을 해 볼 방법이 있을까 해서 주변을 둘러보았다.
동물들이 잎을 먹어 치워 휑해진 틈으로 나무들 너머가 내다보였다.
처음 착륙한 호수 건너편에 있었던 희끗한 초록 물체들이 보였다.

이번에는 그들이 훨씬 가까이 있었다. 어찌나 높은지 랜섬은 고개
를 잔뜩 젖히고서야 꼭대기를 볼 수 있었다. 모양은 탑과 비슷했지만
단단했다. 높이가 들쭉날쭉했고, 아무렇게나 불규칙하게 모여 있었

다. 일부는 랜섬이 선 곳에서 보기에 바늘처럼 끝이 뾰족했고, 나머지는 위로 갈수록 끝이 좁아졌다가 다시 둥글거나 평평하게 넓어졌다. 랜섬이 밑에서 보니 언제라도 쏟아져 내릴 것 같았다. 옆면이 더 거칠고 처음에 본 것보다 갈라진 틈이 더 많아 보였다. 둘 사이에 움직임이 없는 파랗고 밝은 선이 보였다. 먼 폭포일 터였다. 마침내 랜섬이 형태가 이상해도 이것들이 산이라고 믿게 된 것도 그 때문이었다. 그것을 알자 기묘하기만 하던 풍경이 환상적인 장엄함에 휩싸였다. 말라칸드라의 동물, 식물, 땅이 온통 수직 형상을 이룬다는 것이 여기서 확연히 드러났다. 뾰족한 바위들은 바위 연못에서 물줄기가 치솟아 공중에 매달린 듯한 모양이고 워낙 길쭉해서, 앞으로 지구의 산을 보면 옆으로 누운 듯 보일 것 같았다. 랜섬은 기운이 나고 마음이 가뿐해졌다.

하지만 그 순간 심장이 멈췄다. 창백한 산을 배경으로, 그와 아주 가까운 곳에서—산까지 4백 미터도 안 됐다—움직이는 형체가 나타났다. 그것이 헐벗은 식물 꼭대기 사이에서 천천히 움직이는(또 몰래 움직인다는 생각이 들었다) 기미를 알았다. 크고 빼빼 마른 형체였다. 소른의 옆모습처럼 길쭉하고 구부정한 현자 같은 모양새였다. 머리는 좁고 원뿔 같고, 앞의 가지를 젖히는 손이랄까 발은 가늘게 움직였다. 길쭉하고 투명하다시피 했다. 랜섬은 그것이 그를 찾고 있다고 확신했다. 이 모든 일이 순식간에 일어난 것 같았다. 지울 수 없는 인상이 뇌리에 박히기도 전에 그는 있는 힘껏 깊은 숲으로 달려갔다.

그는 소른과의 간격을 몇 킬로미터쯤 벌린다는 계획밖에 없었다.

소른이 하나뿐이기를 간절히 기도했다. 어쩌면 숲에는 소른들이 꽉 차 있을지 모른다. 그들은 그를 에워쌀 정도의 두뇌가 있으리라. 아무튼 지금은 칼을 들고 뛰고 또 뛸 수밖에 없었다. 공포감이 행동으로 바뀌었다. 감정적으로는 차분하고 경계심이 커졌고 준비가 되었다. 마지막 시도를 할 준비가 단단히 되었다. 내리막길이어서 가속도가 붙었다. 곧 경사가 너무 심해져서, 지구에서와 같은 중력의 상태였다면 손과 무릎을 대고 기다시피 내려가야 했을 터였다. 그때 앞에서 뭔가 반짝이는 게 보였다. 1분 후 그는 완전히 숲을 빠져나왔다. 햇빛 속에서 눈을 깜빡이며, 강폭이 넓은 강변에 서 있게 되었다. 강과 호수와 섬과 갑岬(바다 쪽으로 뾰족하게 뻗은 육지—옮긴이)이 뒤섞인 평편한 풍경이 내다보였다. 말라칸드라에서 처음 본 시골 풍경이었다.

쫓아오는 소리는 들리지 않았다. 랜섬은 배를 깔고 엎드려서 물을 마시며, 시원한 물이라곤 없는 것 같은 이곳을 욕했다. 그러다가 가만히 엎드려서 귀를 기울이며 숨을 골랐다. 그의 시선이 파란 물에 머물렀다. 물이 움직였다. 그의 얼굴에서 10미터쯤 떨어진 데서 원이 흔들리고 거품이 너울댔다. 갑자기 물이 치솟으면서, 포탄처럼 둥글고 빛나는 검은 물체가 눈에 들어왔다. 랜섬은 눈과 입을 보았다. 수염처럼 거품이 흐르는 부푼 입이었다. 물에서 다른 부분이 나왔다. 빛나는 검은 색이었다. 마침내 그것이 물을 튀기면서 물가로 굴러 나와 일어났다. 뒷발에서 김이 났다. 2미터가 넘었고, 말라칸드라의 모든 게 그렇듯 키에 비해 몸이 너무 가늘었다. 몸을 덮은 숱 많은 검은 털은 물개처럼 반들거렸고, 아주 짧은 다리에는 물갈퀴 달린 발이 있었다. 꼬리는 비버나 물고기처럼 넓고, 튼튼한 앞다리에는 물갈퀴 달린 갈고리랄까 손가락이 있었다. 배의 가운데에는 뭔가 튀어나왔는데, 랜섬이 보기에는 생식기 같았다. 펭귄과 비슷했고, 수달 같기도 했고, 물개 같은 구석도 있었다. 호리호리하고 유연한 몸은 거대한 담비 같았다. 수염이 많은 크고 둥근 머리통은 물개와 비슷했지만, 물개보다 이마가 높고 입은 작았다.

도망자에게 어느 시점이 되면 두려움에서 온 조심스러운 행동이 순전히 습관일 뿐, 공포나 희망이 더 이상 느껴지지 않는 순간이 온다. 랜섬은 발각되지 않고 넘길지 모른다는 자기 딴의 생각으로 가만히 엎드려서 몸을 잡초 속으로 최대한 바싹 밀었다. 감정이 느껴지지 않았다. 담담하고 객관적으로, 이걸로 마지막이라는 생각을 했다. 땅의 소른과 물속 검고 큰 동물 사이에 끼어 있으니 말이다. 동물의 턱과 입이 육식동물과는 다르다는 생각이 얼핏 들었지만, 동물에 대해 무지해서 더 이상의 짐작은 할 수 없었다.

그때 랜섬의 마음 상태를 완전히 바꾸는 일이 벌어졌다. 여태 그를 못 보고, 김이 나는 몸을 털던 동물이 입을 벌려 소리를 내기 시작했다. 그 자체가 눈에 띄는 일은 아니었지만, 평생 언어학을 연구한 랜섬은 동물이 음절로 된 소리를 내는 것을 문득 알았다. 동물은 말을 하고 있었다. 동물에게 언어가 있었다. 언어학자가 아닌 사람이라도 랜섬이 이를 깨닫고 얼마나 큰 감정 변화가 생겼을지 짐작될 것이다. 그는 이미 신세계를 보긴 했지만, 지구 밖 생물의 새롭고 인간과 다른 언어는 다른 문제였다. 웬일인지 소른과 언어를 연관 지어 생각한

적이 없는데, 이제 계시처럼 그 생각이 퍼뜩 스쳤다. 지식에 대한 사랑은 일종의 광기인 법. 순간적으로 랜섬은 동물이 진짜 말하고 있다고 판단되자, 당장 죽게 될지 모른다는 것을 알면서도 모든 공포와 희망과 현재 상황을 뛰어넘어, 말라칸드라 문법을 체계화하는 대단한 프로젝트를 펼치는 상상을 했다. 《말라칸드라어 개론》, 《달의 Lunar 동사》, 혹은 《콘사이스 화성어-영어 사전》 등등 책 제목들이 머릿속을 스쳤다. 비인간 종족의 언어에서 배우지 못할 이유가 무엇이겠는가? 언어의 형태 자체, 모든 가능한 언어의 이면에 있는 원리가 그의 손에 떨어질 수도 있었다. 랜섬은 무의식적으로 팔꿈치로 몸을 일으켜 검은 짐승을 바라보았다. 상대는 조용했다. 커다란 총알같은 머리통을 휘두르면서, 누런 눈으로 랜섬을 응시했다. 호수에도 숲에도 바람이 불지 않았다. 적막한 가운데 몇 분이 흘렀고, 다른 종족을 대표하는 둘은 그렇게 서로의 얼굴을 응시했다.

랜섬은 무릎을 꿇고 앉았다. 동물은 뒤로 물러나며 빤히 쳐다보았다. 둘은 다시 움직이지 않았다. 그때 동물이 한 걸음 다가왔고, 랜섬은 펄쩍 뛰며 물러났지만 멀리 가지는 않았다. 호기심이 솟구쳤다. 그는 용기를 내서 손을 내밀었다. 동물은 이 몸짓을 오해했다. 동물은 호수의 얕은 곳으로 물러났다. 랜섬은 매끄러운 살결 아래 근육이 조여드는 기미를 알아차렸다. 동물은 불쑥 움직일 채비를 했다. 하지만 동물은 거기서 멈추었고, 그도 호기심에 사로잡혔다. 둘 다 상대가 다가오지 못하게 했지만, 자기가 그러고 싶은 충동을 계속 느꼈고 거기서 놓여나지 못했다. 바보스럽고 겁나고 흥분되어, 참을 수 없는 순간이 왔다. 그것은 호기심 이상이었다. 구애와도 비슷했다. 세상 최초의 남자와 여자가 만나는 것과 비슷했다. 그것을 넘어선 뭔가와 비슷했다. 서로 달라도 이성理性적인 두 종의 따끔한 첫 접촉에 비하면, 남녀의 접촉은 무척 자연스럽고 별로 낯설지 않으며 그다지 말수가 적지 않고 극복할 반감도 없는 편일 터였다.

갑자기 동물이 몸을 돌려 걸어가기 시작했다. 랜섬은 절망에 가까운 실망감에 휩싸였다.

"돌아와요!"

그가 영어로 외쳤다. 동물은 몸을 돌리더니 팔을 뻗으며, 다시 알아듣지 못할 언어로 말하고는 걷기 시작했다. 20미터쯤 갔을 때, 랜섬은 동물이 몸을 숙여 뭔가 집는 것을 보았다. 그러더니 돌아왔다. 손에(랜섬은 벌써 동물의 물갈퀴 달린 앞발을 손으로 여겼다) 조개껍질 같은 것을 들고 있었다. 굴과 비슷했지만, 더 둥글고 끝이 부채꼴이었다. 동물은 그것을 호수에 담가 물을 펐다. 그러더니 제 몸통에 대고 물에 뭔가 붓는 것 같았다. 랜섬은 동물이 소변을 보는 거라고 생각하며 못마땅해했다. 그러다가 동물의 배에 튀어나온 것이 성기도, 신체 일부도 아니라는 것을 알았다. 주머니 같은 게 여럿 달린 허리띠를 매고 있었고, 주머니에서 액체 몇 방울을 조개껍질에 담긴 물에 넣었다. 그러더니 그것을 검은 입술에 대고 마셨다. 사람처럼 머리를 젖히지 않고 말처럼 머리를 숙이고 빨았다. 다 마시자 다시 조개껍질에 물을 떠서, 허리에 단 주머니에서 몇 방울을 짜냈다. 주머니가 가죽병과 비슷했다. 동물은 두 팔로 조개껍질을 들고 랜섬에게 내밀었다.

동물의 의도는 분명했다. 랜섬은 머뭇대며 수줍게 다가가서 그것을 받았다. 손끝이 동물의 앞발에 닿자, 호감과 비호감이 섞인 표현 못 할 전율이 몸에 퍼졌다. 랜섬은 그것을 마셨다. 물에 탄 것은 분명히 알콜이었다. 그는 알콜을 이렇게 즐겁게 마신 적이 없었다.

랜섬이 영어로 말했다.

"고맙소. 정말 고맙소."

동물은 가슴을 치면서 소리를 냈다. 랜섬은 처음에는 그 말을 알아차리지 못했다. 그러다가 이름을 가르쳐 주려 한다는 것을 알았다. 그 종의 이름일 터였다.

"흐로스. 흐로스."

동물이 제 몸을 때리면서 말했다.

"흐로스."

랜섬도 따라 말하면서 동물을 손짓했다. 그리고 자기 가슴을 치면서 말했다.

"인간."

"히-인-간."

흐로스가 따라 말했다. 그가 흙을 한 줌 쥐었다. 잡초와 호숫가 사이에 흙이 있었다.

"한드라."

흐로스가 말했다. 랜섬이 단어를 따라 말했다. 그때 머리에 떠오르는 게 있었다.

"말라칸드라?"

그가 묻는 투로 말했다. 흐로스가 눈을 굴리면서 양팔을 저었다. 전체 풍경을 가리키려고 애쓰는 모양이었다. 랜섬은 잘 알아들었다. 한드라handra는 흙이었고, 말라칸드라malacandra는 땅 혹은 행성 전체를 뜻했다. 곧 말라크malac의 의미를 알게 될 터였다. 한편 'C 뒤에서 H가 없어진다'는 것을 알아차렸고, 말라칸드라 음성학의 첫 걸음을 떼었다. 이제 흐로스는 '한드라미트'의 의미를 가르쳐 주려고 했다. 그는 다시 한드라handra-라는 어근을 파악했지만('이들이 접두사뿐 아니라 접미사도 있다'는 것을 눈치챘다), 이번에는 흐로스의 몸짓을 이해하지 못하여 결국 한드라미트가 무슨 뜻인지 알아내지 못했다. 랜섬은 먼저 입을 벌리고 입을 손짓하면서 먹는 시늉을 했다. 그래서 듣게 된 말라칸드라어의 '음식'이나 '먹다'에는 사람이 발음할 수 없는 자음들이 포함되어 있다는 사실을 알았다. 랜섬은 몸짓을 계속해서, 그가 언어학뿐 아니라 현실적인 것에도 관심이 있음을 설명했다. 몸짓으로 이해하는 데 시간이 걸리긴 했지만 흐로스는 알아듣고, 따라오라는 몸짓을 했다. 결국 랜섬은 흐로스를 따라갔다.

흐로스는 조개를 주웠던 곳까지 랜섬을 데려갔다. 여기 배 같은 것이 있어 랜섬은 깜짝 놀랐다. 인간이 만든 것 같은 물건을 보자 흐로스의 이성에 더욱 확신이 생겼다. 일반적인 말라칸드라 종족의 키와 유연성을 감안할 때 지구의 배와 흡사해서, 흐로스를 더 높이 평가하게 되었다. 그러다 나중에야 '하긴 배가 어떻게 다르게 생길 수 있겠어?'란 의문이 들었다. 흐로스는 거칠지만 약간 굽혀지는 타원형 접시를 꺼냈다. 그는 길쭉하고 폭신한 오렌지색 조각이 수북이 놓인 접시를 랜섬에게 내밀었다. 랜섬은 칼로 먹기 좋은 길이로 잘라서 먹기 시작했다. 처음에는 의심스러웠지만 나중에는 게걸스레 먹어 댔다. 콩 맛과 비슷했지만 더 달콤했고, 허기진 사람의 입에는 맛있었다. 허기가 가라앉자, 처지가 우울하게 느껴졌다. 옆에 앉은 물개 모양의 덩치 큰 동물이 참기 힘들게 오싹해졌다. 다정해 보였지만 덩치가 아주 크고 검었는데, 랜섬은 그에 대해 아는 게 없었다. 흐로스는 소른들과 어떤 관계일가? 정말로 보기처럼 이성적일까?

며칠 뒤에야 랜섬은 갑자기 자신감이 없어질 때 대처할 방법을 터득했다. 흐로스의 이성적인 면모 때문에 그것을 인간으로 보고 싶어지자 자신감이 솟았다. 그러자 흐로스가 혐오스러워졌다. 2미터가 넘는 키에 뱀 같은 몸통, 얼굴이며 사방에 숱 많은 검은 털이 뒤덮이고 고양이 같은 수염이 달린 사람. 하지만 다른 편에서 보면 그는 동물이 지닐 만한 모든 것 ― 윤기 나는 가죽, 촉촉한 눈, 감미로운 숨결과 새하얀 이 ― 을 갖고 있었고, 이 모든 것과 더불어 마치 낙원을 잃지 않았으며, 최초의 꿈이 이루어진 듯이 말과 이성이라는 매력도 지니고 있었다. 전자보다 끔찍할 수는 없겠지만, 후자보다 흐뭇할 수도 없을 터였다. 모든 게 보기 나름이었다.

10

랜섬이 식사를 마치고 말라칸드라의 짙은 광물 맛 나는 물을 다시
마시자, 흐로스가 일어나서 배에 들어갔다. 그는 동물처럼 머리부터
디밀었다. 유연한 몸 덕분에 발을 땅에 댄 채로 손을 배 바닥에 댈 수
있었다. 그는 엉덩이, 꼬리, 뒷다리를 한꺼번에 공중으로 1.5미터쯤
날린 뒤 민첩하게 배 바닥에 내려놓는 동작을 했다. 지구에서 그만
한 체구의 동물은 절대 못할 동작이었다.

흐로스는 배에 탄 다음 다시 내려서 배를 손짓했다. 랜섬은 자기도
타라고 권하고 있음을 간파했다. 당연히 가장 물어보고 싶은 말을 옮
길 수가 없었다. 흐로사*hrossa*(나중에 이 어휘가 흐로스의 복수형임을 알았다)
가 말라칸드라를 지배하는 종인지 궁금했다. 그리고 소른들은 인간
과 더 비슷한 모습이지만 지능이 약간 있는 소떼 같은 것에 불과한
지? 랜섬은 그렇기를 간절히 바랐다. 한편 흐로사는 소른의 가축일

수도 있고, 그렇다면 소른들은 무척 똑똑할 터였다. 뛰어난 상상력 덕분에 초인적인 지능과 괴수의 형체와 맹렬한 의지를 연관 지어 생각하게 되었다. 배에 발을 들여놓으면 흐로스의 배가 그를 소른 앞에 데려갈지 몰랐다. 한편으로 흐로스의 초대는 소른이 있는 숲을 완전히 벗어날 절호의 기회일 수도 있었다. 이즈음 흐로스는 랜섬이 알아듣지 못하는 데 점점 당황했다. 다급한 신호에 마침내 랜섬은 마음을 정했다. 흐로스와 헤어진다는 생각은 할 수 없었다. 동물적인 면이 여러 가지로 충격을 주었지만, 흐로스 언어를 배우고 싶은 열망이 더 깊어졌다. 또 독특한 것에 대한 수줍고 피할 수 없는 매혹과 경이로운 모험의 열쇠를 손에 쥐었다는 느낌이 예상 외로 강하게 몰아 댔다. 랜섬은 배에 발을 내딛었다.

배에는 좌석이 없었다. 뱃머리가 아주 높고 수면에서 상갑판 위까지의 수직 거리도 꽤 높아서, 랜섬이 보기에는 흘수(배가 물 위에 떠 있을 때 물에 잠겨 있는 부분의 깊이—옮긴이)가 엄청나게 얕은 배 같았다. 사실 선체가 거의 물에 잠기지 않는 배를 보자, 랜섬은 현대적인 유럽의 쾌속선이 떠올랐다. 배는 처음에는 밧줄 같은 것으로 묶여 있었지만, 흐로스는 줄을 풀지 않고 잡아당겨 잘라서 배를 풀었다. 부드러운 카라멜이나 점토 자르듯 했다. 그러더니 뱃고물 상판에 엉덩이를 대고 앉아서 노를 잡았다. 노가 어찌나 넓적한지 랜섬은 흐로스가 어떻게 노를 저을지 궁금해하다가, 여기가 얼마나 가벼운 행성인지 기억했다. 흐로스의 몸통이 길어서, 뱃전이 높아도 쭈그리고 앉은 자세로 자유롭게 움직일 수 있었다. 흐로스가 재빨리 노를 저었다.

처음 몇 분 동안은 보라색 나무들이 있는 강변 사이를 지나 폭이 백 미터쯤 되는 수로를 따라갔다. 그러다가 갑을 돌았다. 배는 훨씬 넓은 물로 들어가고 있었다. 바다처럼 드넓은 호수였다. 흐로스는 조심하면서 가끔 방향을 바꾸며 주변을 둘러보았고, 해안에서 제법 떨어진 곳으로 노를 저었다. 눈부신 파란색 물이 점점 넓어졌고, 랜섬은 물을 계속 쳐다볼 수가 없었다. 물의 열기가 심해서 그는 모자와 조끼를 벗었다. 랜섬이 옷을 벗자 흐로스가 무척 놀랐다.

랜섬은 조심스럽게 일어나서 사방으로 탁 트인 말라칸드라의 경치를 살폈다. 앞뒤로 반짝이는 호수가 있고, 여기저기 섬들이 있고 연파랑 하늘이 활짝 펼쳐졌다. 랜섬은 태양이 바로 머리 위에 있음을 알아차렸다. 그들은 말라칸드라의 열대 지방에 있는 것이다. 호수 양쪽 끝이 사라지면서, 더 복잡하게 만나고 얽히는 물과 육지는, 거대한 보랏빛 잡초 속에 울퉁불퉁 박힌 모양이 되었다. 하지만 지금 랜섬이 보는 이 늪지대인지 군도인지는 양쪽에 뾰족뾰족한 연초록색 산들이 있었다. 산이 워낙 높고 황량한 데다 날카롭고 좁아서 균형이 맞지 않는 것 같았다. 오른쪽으로 거리가 1.5킬로미터밖에 안 되었고, 호수와 산 사이에 좁은 수풀만 있는 듯했다. 왼쪽으로는 똑같이 위압적이지만 더 멀어서 10킬로미터가 넘는 듯했다. 그들이 가는 곳은 보이지 않는 곳까지 물이 있었다. 그들은 이제 양옆과 앞뒤 모두 물만 보이는 곳을 달렸다. 사실 폭이 15킬로미터가 넘고 길이를 알수 없는 웅장한 협곡이 물에 잠긴 수면을 항해하고 있었던 것이다. 뒤쪽과 가끔 앞의 산봉우리들 위로 여러 곳에서 굽이치는 장밋빛 덩어리를 볼 수 있었다. 전날 랜섬이 그것을 구름으로 착각했다. 사실 산들은 뒤쪽으로는 내려앉은 바닥이 없는 것 같았다. 마치 측량 할 길 없는 고원의 뾰족뾰족한 요새 같았다. 군데군데 유난히 높아서 눈이 닿는 곳마다 좌우로 말라칸드라의 지평선을 이루었다. 정면과 뒤쪽으로 있는 큰 골짜기는 이제 랜섬의 눈에는 고원의 움푹 들어간 곳이나 갈라진 틈으로 보일 뿐이었다.

구름 같은 붉은 덩어리가 무엇인지 궁금해서 수화로 묻고 싶었지만 수화로 표현하기에는 질문이 너무 복잡했다. 풍부한 몸짓을 하는 흐로스는—팔인지 앞다리인지가 유연해서 채찍이 움직이듯 민첩하게 움직였다—랜섬이 높은 지대를 통틀어 묻고 있다는 점을 명확히 표현했다. 그 이름은 하란드라harandra였다. 물 있는 저지대인 협곡 혹은 골짜기는 한드라미트handramit였다. 랜섬은 상관관계를 파악했다. '한드라'는 땅, '하란드라'는 높은 땅이나 산, '한드라미트'는 낮은 땅이나 계곡이었다. 사실 고지대와 저지대를 뜻했다. 말라칸드라의 지리 여건에서 둘을 구분하는 게 중요하다는 사실을 랜섬은 나중에 알았다.

이즈음 흐로스는 조심스런 항해에 종지부를 찍었다. 육지까지 3킬로미터 남짓 남은 곳에서 갑자기 노 젓기를 멈추고는 노를 공중에 들고 뻣뻣하게 앉아 있었다. 동시에 배가 흔들리더니, 돌을 발사하는 무기로 쏜 듯이 내달렸다. 그들은 조류를 이용하고 있음이 분명했다. 몇 초 후, 그들은 시속 25킬로미터 정도의 속도로 내달리더니 특이하게 수직으로 쭉 솟았다 내려앉는 물살을 탔다. 말라칸드라의 파도는 랜섬이 지구에서 본 거친 물살과는 다르게 휙 움직였다. 군대에서 속보로 걷는 말을 탈 때의 끔찍한 경험이 떠올랐다. 몹시 불쾌했다. 그는 왼손으로 난간을 붙잡고 오른손으로는 이마를 훔쳤다. 물에서 습한 온기가 올라와서 무척 괴로웠다. 말라칸드라 음식, 아니 말라칸드라의 물을 사람이 소화하지 못할까. 다행히 그는 뱃멀미를 안 하는 사람이었다! 적어도 뱃멀미는 안 했었다. 적어도…….

서둘러 배 밖으로 몸을 숙였다. 푸른 물의 열기가 얼굴에 훅 올라왔다. 깊은 곳에서 뱀장어가 노는 것을 봤다는 생각이 들었다. 긴 은빛 뱀장어였다. 궂은일은 한 번만 일어난 게 아니었다. 랜섬은 어린이 파티에서 토하여 창피를 겪은 일이 생생하게 기억나서 언짢았다……. 오래 전 그가 태어난 별에서 겪은 일이었다. 지금도 비슷한 수치심이 느껴졌다. 새로운 종 앞에서 인간을 처음 선보이면서 보이고 싶은 모습이 결코 아니었다. 흐로스들도 토할까? 흐로스는 그가 무엇을 하고 있는지 알까? 랜섬은 고개를 젓고 신음하면서 다시 배 안으로 들어갔다. 흐로스는 랜섬을 계속 지켜보았지만, 얼굴에 별다른 표정이 없는 것 같았다. 한참 뒤에야 랜섬은 말라칸드라인의 표정을 읽게 되었다.

한편 물살은 속도를 내는 것 같았다. 배는 크게 커브를 그리면서 호수를 가로질러, 해안에서 200미터쯤 떨어진 곳으로 갔다. 그러더니 다시 뒤돌아서 나선형과 8자 모양을 그리며 나아갔다. 보랏빛 숲과 뾰족한 산봉우리는 뒤로 물러갔고, 구불구불한 코스를 가면서 랜섬은 진저리 나는 은빛 장어를 연상했다. 말라칸드라에 대한 모든 흥미가 급격히 사라졌다. 지구와 다른 행성들의 차이는 땅과 물의 끔찍한 차이에 비하면 아무것도 아니었다. 흐로스가 물에서 사는지 몹시 걱정스러웠다. 이 끔찍한 배를 타고 밤새도록 다녀야 되는 건가…….

사실 그 걱정은 오래 가지 않았다. 다행히 출렁대는 움직임이 멈추고 속도가 느려졌고, 랜섬은 흐로스가 재빨리 뒤로 가고 있음을 알았다. 그들은 여전히 물에 떠 있었다. 양쪽으로 가까운 곳에 해안이 있고 해안 사이에 좁은 수로가 있는데 물소리가 요란했다. 여울임이 분명했다. 흐로스는 꽤 많은 따뜻한 물을 배에 튀기며 배에서 내렸다. 랜섬은 비틀대면서 더 조심스럽게 따라 내렸다. 물이 무릎까지 올라왔다. 놀랍게도 흐로스는 힘들이지 않고 배를 번쩍 들어 머리에 이더니, 한 팔로 중심을 잡고 걸었다. 그리스 여인상처럼 꼿꼿하게 육지로 가는 것이었다. 그들은 수로를 끼고 앞으로 걸어갔다. 흐로스의 유연한 엉덩이에서 뻗은 짧은 다리가 흔들리는 것을 '걷는다'라고 할 수 있다면 말이다. 몇 분 후 랜섬 앞에 새로운 풍경이 펼쳐졌다.

수로는 여울일 뿐 아니라 급류였다. 이처럼 8백미터쯤 가파르게 흐르는 급류가 이어지는 것은 처음 보았다. 그들 앞에서 지면이 급경사를 이루었고 협곡—즉 한드라미트—이 훨씬 낮게 이어졌다. 하지만 한드라미트의 벽면까지 밑으로 꺼지지는 않아서, 랜섬은 현 위치에서 지세를 더 확실히 볼 수 있었다. 좌우로 더 많은 고지대가 보였고, 가끔 구름같이 붉게 부풀어 오른 곳들이 있었다. 하지만 하늘과 나란한 지평선은 평편하고 희끗하고 썰렁했다. 이제 산봉우리들은 고지대의 언저리나 경계선 정도로 보였다. 혀 주위를 낮은 이빨들이 감싸고 있는 모양새였다. 그는 하란드라와 한드라미트의 뚜렷한 대비가 퍽 인상 깊었다. 그의 아래로 보석을 이은 밧줄 같은 골짜기가 펼쳐졌다. 나무가 있는 땅과 사라졌다 다시 나타나는 물줄기 여기저기서 보라색, 사파이어 같은 파란색, 노란색, 연분홍색이 드러났다. 말라칸드라는 랜섬이 짐작했던 것보다 더 많이 지구와 달랐다. 한드라미트는 산맥과 함께 높아졌다 낮아지는 계곡이 아니었다. 사실 이것은 산맥에 속하지도 않았다. 높고 평편한 하란드라를 지나는 거대한 갈라진 틈이나 다양한 깊이의 도랑일 뿐이었다. 랜섬은 이제 하란드라가 정말 행성의 '표면'인지 궁금해지기 시작했다. 분명히 지구의 천문학자에게는 표면으로 보이겠지만. 한드라미트 자체는 끝이 없는 것 같았다. 거침없이 거의 일직선으로 이어졌고, 좁아지는 색색의 선에 V자 모양의 새김눈으로 지평선이 새겨지는 것 같았다. 150킬로미터 넘게 이어질 거라는 생각이 들었다. 랜섬은 어제 이후 50~60킬로미터쯤 왔다고 계산했다.

그 사이 그들은 급류 옆으로 내려갔고, 다시 물길이 완만한 곳에 이르자 흐로스는 작은 배를 물에 띄울 수 있었다. 걷는 동안 랜섬은 '배', '급류', '물', '태양', '들고가다'라는 말을 배웠다. '들고가다'는 처음 배운 동사여서 특히 흥미로웠다. 흐로스도 흐로사와 한드라미트, 세로니*séroni*와 하란드라같이 대조되는 한 쌍의 말을 반복함으로써 연결된 관계를 알려 주려고 애썼다. 랜섬은 흐로사는 아래인 한드라미트에서, 세로니는 위쪽인 하란드라에서 산다는 뜻이라고 알아들었다. 대체 '세로니'가 무엇인지 궁금했다. 탁 트인 하란드라 위에는 아무것도 살지 않을 것 같았다. 어쩌면 흐로스들에게는 신화가 있는데, 세로니를 신이나 악마로 보는 것 아닐까. 이를 근거로 그는 흐로스들이 문화 수준이 낮다고 여겼다.

여행이 계속되면서, 랜섬은 차츰 덜하긴 해도 자주 뱃멀미를 했다. 몇 시간 후 그는 세로니가 소른의 복수형일 거라고 생각했다.

그들의 오른쪽으로 해가 기울었다. 해는 지구에서보다 빨리 떨어졌다. 적어도 랜섬이 아는 지구 구석보다는 금세 졌다. 구름 없는 하늘에는 화려한 일몰은 없었다. 꼭 집어낼 수는 없어도 그가 아는 태양과는 묘하게 달랐다. 바늘 같은 산꼭대기가 검게 솟고 한드라미트가 점점 어두워지는 와중에도, 동쪽(그들의 왼쪽)으로는 하란드라의 고지대가 여태 장밋빛으로 빛났다. 그곳은 마치 별개의, 더 영적인 세계처럼 외떨어지고 평온해 보였다.

곧 랜섬은 그들이 다시 걷고 있으며, 흙을 밟으며 보랏빛 숲으로 향하고 있음을 알아차렸다. 여전히 배가 흔들리고, 땅이 밑에서 일렁대는 것 같은 환각이 느껴졌다. 기운이 없고 어둑어둑해서 나머지 길은 꿈속 같았다. 그의 눈에 빛이 번뜩이기 시작했다. 불이 타오르고 있었다. 불빛은 머리 위의 큰 잎사귀들을 비추었고, 랜섬은 그 뒤편의 별빛을 보았다. 흐로스 수십이 그들을 에워싼 것 같았다. 여기까지 데려온 흐로스 혼자일 때보다 무리 지으니 동물 같은 데가 더 많고, 인간 같은 면은 덜했다. 랜섬은 두려움을 느끼긴 했지만, 어울리지 않는다는 섬뜩한 느낌이 더 강했다. 사람과 같이 있고 싶었다. 누구라도, 웨스턴과 드바인이라도 괜찮았다. 너무 고단해서, 의미를 알 수 없는 이 총알 같은 두상과 털 난 얼굴들을 어찌할 수가 없었다. 아무 반응도 할 수 없었다. 그때 더 낮고 가까운 곳에서, 더 잘 움직이는 것이 떼 지어 나왔다. 새끼라고 해야 할지, 아이라고 해야 할지……. 갑자기 랜섬의 기분이 달라졌다. 어린 녀석들은 명랑했다. 그는 한 녀석의 검은 머리를 쓰다듬으면서 미소 지었다. 그러자 새끼는 달아났다.

그날 저녁의 일은 그다지 기억할 수 없었다. 더 먹고 마셨고, 검은 형체들이 계속 오갔으며, 불빛에 이상한 눈빛이 번뜩거렸다. 결국 천장이 있는 어두운 곳에서 잠들었다.

11

우주선에서 잠을 깼을 때 랜섬은 다른 행성에 가는 놀라운 모험과 거기서 돌아갈 기회에 대해서만 생각했었다. 그 행성에서 지내는 것은 염두에 두지 않았다. 매일 아침, 막 도착한 것도 아니고 빠져나간 것도 아닌 말라칸드라에 살고 있다는 것을 깨달을 때마다 그는 깜짝 놀랐다. 시간이 흐르면서 그는 깨고 자고, 먹고 헤엄치고, 심지어 대화도 했다. 도착한 지 3주가 지났을 때 자기도 모르게 산책을 나서게 되자 대단한 경이로움이 밀려들었다. 몇 주 후 좋아하는 산책로가 생겼고 좋아하는 음식도 생겼다. 습관들이 생기기 시작했다. 척 보고도 남녀 흐로스를 구분했고, 흐로스 개인의 차이점도 분명해졌다. 처음 그를 발견한—북쪽으로 몇 킬로미터 떨어진 곳에서—효이는, 주둥이가 회색이고 덕망 깊은 흐노라와는 아주 달랐다. 흐노라는 날마다 랜섬에게 언어를 가르치는 흐로스였다. 어린 흐로스들은 또 달랐다. 그들은 귀여웠다. 어린 것들을 대할 때는 흐로스들의 사고 능력 따위는 까맣게 잊을 수 있었다. 워낙 어려서, 인간과 다르게 형성된 그들의 논리력 같은 문제로 그를 괴롭힐 수가 없었다. 어린 것들은 외로움을 달래 주었다. 마치 지구에서 개 몇 마리를 데리고 오도록 허락받은 것 같았다. 어린 것들은 그들 사이에 나타난 털 없는 유령에게 지대한 관심을 보였다. 랜섬은 어린 것들과, 그리고 그들을 통해 그 어미들과 잘 지냈다.

흐로스 집단에 대해 일반적으로 받은 첫인상들은 차츰 달라졌다. 처음에 랜섬은 그들의 문화를 '구석기 시대'로 보았다. 몇 가지 안 되는 자르는 도구는 돌로 만든 것들이었다. 단지는 없는 것 같았지만, 끓이는 데 쓰는 엉성한 그릇 몇 가지가 있었다. 그들은 요리할 때 끓이는 방법만 썼다. 굴 껍질 모양의 조개를 컵, 접시, 국자로 썼다. 처음 흐로스가 준 음료를 마실 때 쓰던 조개껍질이 그것이었다. 동물성 음식은 그 그릇에 담아 먹는 물고기뿐이었다. 야채는 아주 풍부하고 다양했고, 몇 가지는 맛이 좋았다. 한드라미트 전체를 뒤덮은 연분홍색 잡초까지도 조금씩 먹을 수 있었다. 그러니 효이가 그를 발견하기 전에 랜섬이 굶주렸다면, 풍부한 먹을거리를 옆에 두고 굶은 꼴이었을 터였다. 하지만 흐로스는 굳이 선택해서 이 잡초(호노드라스크루드)를 먹지는 않았다. 그저 여행 중에 어쩔 수 없이 먹을지는 모르지만. 그들은 뻣뻣한 잎으로 만든 벌집 모양의 집에 살았고 마을들은—근처에 몇 군데 마을이 있었다—하나같이 온기 때문에 강변에 있었다. 또 물이 가장 뜨거운 한드라미트의 벽면을 이루는 쪽 상류에 자리 잡앉다. 흐로스들은 땅바닥에서 잤다.

시와 음악 비슷한 것을 제외하면 예술은 없는 듯했다. 흐로스 넷이 한 팀이나 무리를 이루어서 거의 매일 저녁 연습했다. 하나가 길게 읊조리면 나머지 셋은 때로는 혼자 때로는 번갈아서 노래로 가끔 끼어들었다. 랜섬은 이 개입이 막간 서정시인지, 선창자들의 이야기에 나오는 극적인 대사인지 알 수 없었다. 음악도 이해할 수 없었다. 목소리들은 과히 나쁘지 않았고 음계는 사람의 귀에도 듣기 괜찮았지만, 박자는 리듬감에 전혀 맞지 않았다. 처음에는 부족이나 가족들이 하는 일이 미스터리였다. 흐로스들은 늘 며칠간 사라졌다가 다시 나타났다. 낚시질과 목적이 뭔지 모를 일로 배를 타고 여행을 다녔다. 그러던 어느 날 랜섬은 각자 머리에 채소를 이고 육로로 떠나는 흐로스들을 보았다. 말라칸드라에 교역 같은 게 있음이 분명했다.

랜섬은 첫 주에 이들의 농지를 발견했다. 한드라미트에서 1.5킬로미터쯤 떨어진 곳에 숲이 없는 넓은 땅이 있었다. 몇 킬로미터에 걸쳐 즙이 많은 채소가 자랐다. 노란색, 주황색, 파란색이 주종을 이루었다. 나중에는 지구의 자작나무 높이만 한 상추 같은 채소도 있었다. 이런 곳 중 한 군데에는 따뜻한 물이 고여 있어서 지면에 가까이 있는 잎으로 들어가 편안하게 누우면, 가만히 움직이는 향긋한 그물 침대에 있는 것 같았다. 다른 곳의 채소는 오래 앉아 있을 만큼 물이 따뜻하지 않았다. 한드라미트의 일반적인 온도는 영국의 화창한 겨울 아침 정도였다. 이 채소가 나는 지역들은 주변 마을에서 공동으로 일했다. 작업 분담 수준은 랜섬의 예상보다 높았다. 자르고 말리고,

보관하고 나르고, 퇴비를 만드는 것 같은 일이 이루어졌다. 그래서 랜섬은 흐로스들이 수로를 인공적으로 만든 건 아닐까 생각했다.

하지만 랜섬이 그에 대한 흐로스들의 호기심을 채워 주려고 할 만큼 언어를 배웠을 때, 그들의 진면목을 알게 되었다. 그들의 질문에 답하면서 랜섬은 하늘에서 나왔다고 말했다. 흐노라는 당장 어느 행성 혹은 땅(한드라)인지 물었다. 랜섬은 흐로스들을 무지하다고 보고 일부러 그들이 알아들을 만한 대답을 했던 터였다. 그래서 흐노라가 하늘에는 공기가 없기 때문에 거기서는 살 수 없다고 어렵게 설명하자 랜섬은 좀 짜증이 났다. 흐노라는 랜섬이 하늘을 통해 왔을지 모르지만, 한드라에서 왔음이 분명하다고 말했다. 랜섬은 밤하늘에서 지구를 그들에게 손으로 가리킬 수 없었다. 흐로스들은 랜섬이 설명을 못하자 놀란 눈치였고, 서쪽 지평선의 빛나는 행성을 반복해서 가리켰다. 해가 떨어진 곳에서 약간 남쪽이었다. 랜섬은 그들이 그냥 별이 아닌 행성을 택해서 그곳이라고 주장하는 데 놀랐다. 그들이 천문학을 이해할 가능성이 있을까? 아쉽게도 그는 그들이 아는지 모르는지 알아낼 만큼의 언어를 알지 못했다. 랜섬이 화제를 바꾸느라 남쪽에 있는 밝은 행성의 이름을 묻자 '툴칸드라'라는 대답을 들었다. 즉, 침묵의 세계 혹은 행성이란 뜻이었다.

"왜 '툴크'라고 부르지요? 왜 침묵이라고 합니까?"

랜섬이 물었다. 대답을 아는 흐로스가 없었다.

흐노라가 말했다.

"세로니는 알아요. 그런 것은 그들이 압니다."

그런 다음 어떻게 왔느냐는 질문을 받은 랜섬은 우주선을 설명하려 해 봤지만 잘 되지 않았다. 이번에도 흐로스들은 같은 말을 했다.

"세로니는 알 텐데."

그가 혼자 왔느냐고 물었다. 그래서 같은 부류 두 명과 함께 왔는데, 그들은 그를 죽이려 한 나쁜 인간들(흐로스어로 '구부러진' 인간들이 가장 가까운 말이었다)이라서 도망쳤다고 했다. 흐로스들은 잘 알아듣지 못했지만, 결국 랜섬이 오야르사*Oyarsa*에게 가야 한다는 데 동의했다. 오야르사가 그를 보호해 줄 거라고 했다. 랜섬은 오야르사가 누구냐고 물었다. 여러 번의 오해를 거친 끝에 느릿느릿 알아낸 바로 오야르사는 멜딜로른에 살며, 모든 것을 알고 모든 이를 다스리며, 언제나 존재했으며, 흐로스도 세로니도 아니었다. 랜섬은 생각나는 바가 있어서, 오야르사가 세상을 만들었느냐고 물었다. 흐로스들은 강하게 부정했다. 툴칸드라 사람들은 '젊은 말렐딜'이 세상을 만들고 다스렸다는 것을 모르느냐? 아이도 아는 사실인데, 라고 했다. 말렐딜이 어디 사느냐고 랜섬이 물었다.

"'옛적부터 계신 이'와 함께."

그럼 '옛적부터 계신 이'가 누구인가? 랜섬은 대답을 알아듣지 못했다. 그가 다시 말했다.

"'옛적부터 계신 이'는 어디 있었나요?"

"그는 어디 살아야 되는 이가 아니오."

흐노라는 그렇게 말하고, 랜섬이 알아들을 수 없는 설명을 길게 했다. 무슨 말을 하려는지는 알겠지만 다시 한 번 짜증을 느꼈다. 흐로스들이 이해력이 있음을 알게 된 후로, 랜섬은 종교 교육을 해 줘야 하는 건 아닌지 하는 양심의 가책에 사로잡혔었다. 그러나 이제는 그가 애매하게 처신한 결과 흐로스들이 그를 야만인 취급했고, 문명화된 종교의 첫 밑그림을 보여 주었다. 흐로스 식의 간략한 교리문답과 비슷했다. 말렐딜은 육체나 신체 부분, 감정이 없는 영적 존재임이 분명해졌다.

"그는 흐나우가 아니에요."

흐로스들이 말했다.

"흐나우가 뭡니까?"

랜섬이 물었다.

"당신이 흐나우죠. 나 흐나우, 세로니도 흐나우, 피플트리기 *pfifltriggi*도 흐나우죠."

"피플트리기라니요?"

랜섬이 반문했다.

흐노라가 대답했다.

"서쪽으로 열흘 넘게 가야 해요. 하란드라가 한드라미트로 쭉 가라앉지 않고 넓은 곳이 되는 데가 있어요. 사방으로 트여 있죠. 북쪽에서 남쪽으로 닷새 가요. 동쪽에서 서쪽으로 열흘 가고. 숲은 여기 색깔이랑 달라서 파란색과 초록색이에요. 거기는 아주 깊어요. 세상의 뿌리로 가는 거죠. 땅에서 파낼 수 있는 가장 좋은 게 거기 있어요. 피플트리기는 거기 살아요. 그들은 땅 파는 걸 좋아해요. 파낸 것을 불로 부드럽게 해서 그걸로 여러 가지 만들어요. 그들은 작아요.

당신보다 작고, 주둥이가 길쭉하고, 낯빛은 창백하고 분주하게 움직여요. 앞에 긴 팔이 있어요. 뭘 만들고 다듬어 내는 데는 어떤 흐나우도 따라갈 수 없어요. 노래는 아무도 우리를 못 따라오는 것처럼. 일단 히인간에게 보여 줍시다."

흐노라는 몸을 돌리더니 젊은 흐로스에게 말했다. 곧 손에서 손으로 작은 그릇이 그에게 전해졌다. 그는 그릇을 불빛 가까이 들고 찬찬히 살폈다. 금으로 만들었음이 분명했다. 랜섬은 드바인이 말라칸드라에 관심이 있는 이유를 깨달았다.

그가 물었다.

"이런 것이 많이 있나요?"

그렇다는 대답을 들었다. 대부분의 강에 씻겨 떠내려가지만, 피플트리기가 가장 좋은 것을 많이 갖고 있다고 했다. 또 솜씨가 좋은 것도 그들이었다. 그들은 이것을 아르볼 흐루*Arbol hru* 곧 '태양의 피'라고 불렀다. 랜섬은 그릇을 다시 살펴보았다. 섬세한 상감象嵌으로 새겨져 있었다. 흐로스들, 그보다 작은 개구리처럼 생긴 동물들 그리고 소른들도 표현되어 있었다. 그는 궁금하다는 듯 소른들을 손짓했다.

흐로사가 그의 의문을 풀어 주었다.

"세로니예요. 하란드라에서 살지요. 큰 동굴에서."

개구리처럼 생긴 동물들—머리는 타피르tapir(맥, 포유동물의 일종—옮긴이)같고 몸은 개구리 같은 동물들—이 피플트리기였다. 랜섬은 머릿속으로 따져 보았다. 말라칸드라에는 세 가지 종이 이성을 가지게 되었고, 그들 가운데 어느 하나도 나머지 두 종을 근절시키지 않았음이 확실했다. 그는 누가 진짜 지배자인지 몹시 알고 싶어졌다.

랜섬이 물었다.

"어느 흐나우가 다스리나요?"

"오야르사가 다스립니다."

흐로스가 대답했다.

"그는 흐나우인가요?"

이 말에 흐로스들이 당황했다. 그들은 그런 질문은 세로니가 잘 알 거라고 생각했다. 어쩌면 오야르사는 흐나우지만 아주 다른 흐나우였다. 그는 죽지도 않고 젊지도 않았다.

"이 세로니는 흐로스들보다 많이 아나요?"

랜섬이 물었다.

이 질문에는 대답보다는 흐로스들끼리 의논이 이어졌다. 결국 나온 얘기는, 세로니, 즉 소른들은 배에서는 옴짝달싹 못한다는 것이었다. 목숨을 부지할 낚시도 못하고 헤엄도 못 쳤다. 시도 못 짓고, 흐로스들이 그들을 위해 지어도 자잘한 부분밖에 이해하지 못했다. 하지만 별들에 대해 잘 파악했고, 오야르사의 어두운 말들을 이해했다. 오래 전—아무도 기억 못하는 오래 전—말라칸드라에서 무슨 일이 있었는지 이야기할 수 있었고.

랜섬은 생각했다. '아, 인텔리들이군. 겉모습이 어떻든 그들이 지배자가 분명해.'

그는 소른들이 지혜를 이용해서 흐로스들에게 일을 시키면 어떻게 될지 애써 물어봤다. 이것이 더듬거리는 말라칸드라 말로 구사할 수 있는 최대한이었다. 이렇게 말하니 다급한 느낌이 별로 드러나지 않았다. '그들이 과학적인 자원을 동원해서 문명화가 덜 된 이웃들을 착취하면 어떻게 할 거냐'라고 물었다면 효과가 훨씬 컸을 텐데. 하지만 그런 수고를 할 필요는 없었을 것 같았다. 소른들이 시를 잘 이해하지 못한다는 말이 나오자 대화는 문학 얘기로 빠져 버렸으니까. 열띠고 전문적인 토론이 이어져서, 랜섬은 한마디도 알아들을 수 없었다.

흐로스들과의 대화가 말라칸드라 얘기에 국한되지 않는 것은 당연했다. 그도 지구에 대한 정보를 알려 줘서 보답해야 했다. 랜섬은 고향인 행성에 대해 무지하다는 사실이 계속 드러나자 수치스러웠다. 게다가 진실을 감추기로 결심했기에 더욱 난처했다. 외계인들에게 우리 인간들의 전쟁과 산업화에 대해 자세히 말하기 꺼려졌다. 그는 H.G. 웰스의 소설 주인공 카보어가 달에서 어떻게 끝을 맞이하는지가 기억났다. 또 창피하기도 했다. 인간들―그들은 히인간들이라고 불렀다―에 대한 밀착된 질문을 받을 때마다 벌거벗은 것과 비슷한 기분이 들었다. 더구나 그가 소른들에게 넘겨지려고 끌려왔다는 것을 흐로스들이 모르게 할 작정이었다. 시간이 흐를수록 소른들이 지배 세력이라는 것이 점점 분명해졌기 때문이다. 그가 해 준 이야기는 흐로스들의 상상력에 불을 지폈다. 다들 이상한 한드라에 대한 시를 짓기 시작했다. 식물이 돌처럼 딱딱하고, 땅에 핀 잡초가 바위처럼 초록색이고 물이 차고 짭짤한 곳. 하란드라 위에서 사는 인간들에 대해서.

흐로스들은 랜섬이 그들의 세계에서 딱딱 입을 다무는 수중 동물을 피해 달아났다는 이야기에 더 큰 관심을 보였다. 그들의 한드라미트에서 그랬다니……. 다들 '흐나크라'라는 데 동의했다. 그들은 몹시 흥분했다. 여러 해 동안 골짜기에서 흐나크라를 보지 못한 터였다. 젊은 흐로스들은 무기—끝을 뾰족한 뼈로 만든 원시적인 작살—를 들고 나왔고 어린 것들은 여울에서 흐나크라 사냥 놀이를 하기 시작했다. 몇몇 어머니들은 초조한 모습을 보이면서 아이들을 물에서 나오게 하려 했지만, 일반적으로 흐나크라 소식은 대단한 인기를 끌었다. 효이는 배를 어떻게 하려고 당장 출발했고 랜섬도 따라갔다. 뭔가 도움이 되고 싶었던 그는 이미 원시적인 흐로스의 도구들을 어설프게나마 익히기 시작했다. 그들은 효이를 따라 수로로 걸어갔다. 숲에서 아주 가까웠다.

가는 길에 오솔길은 하나였다. 랜섬은 효이를 쫓아가다가, 아이만한 여자 흐로스를 지나쳤다. 그들이 지나갈 때 그녀가 말을 했지만, 그들에게 한 말은 아니었다. 그녀는 5미터쯤 떨어진 곳을 응시했다.

"누구한테 말을 거는 거야, 흐리키?"

랜섬이 말했다.

"엘딜한테요."

"어디 있는데?"

"못 봤나요?"

"아무것도 못 봤는데."

그녀가 불쑥 외쳤다.

"저기! 저기요! 아! 가 버렸네. 그를 못 봤어요?"

"아무도 못 봤는데."

어린 흐로스가 말했다.

"효이, 이 히인간이 엘딜을 못 봐요!"

하지만 효이는 계속 걸음을 옮겨서 그녀의 말이 들리지 않는 곳에 가 있었다. 아무것도 알아차리지 못한 기색이었다. 랜섬은 흐리키가 인간 아이들처럼 '상상 놀이'를 한다고 결론 내렸다. 잠시 후 그는 효이를 바짝 쫓아갔다.

12

　그들은 정오까지 효이의 배에서 열심히 작업한 후, 따뜻한 여울가
의 잡초 위에 누워 있다가 점심 식사를 시작했다. 전쟁하듯 준비하는
모습에 랜섬은 여러 가지 의문이 들었다. 전쟁이라는 말을 몰랐지만,
알고 싶은 것이 무엇인지에 대해 효이를 가까스로 이해시킬 수 있었
다. 소른들과 흐로스들과 피플트리그들이 이렇게 나서서 무기를 들
고 서로 맞서는가?

　"무엇 때문에요?"

　효이가 물었다.

　설명하기 힘들었다.

　"양쪽이 하나를 원하고 둘 다 그걸 내주지 않으려고 하면, 결국 다
른 쪽이 무력을 쓸까요? 그걸 주지 않으면 너희를 죽이겠다고 말할
까요?"

"어떤 것을요?"

"글쎄요, 음식 같은 것."

"다른 흐나우가 음식을 원하면, 우리가 왜 안 내주겠어요? 우린 자주 그러는데요."

"우리가 먹을 것도 충분하지 않다면요?"

"하지만 말렐딜은 식물이 자라는 걸 멈추게 하지 않아요."

"효이, 어린 것들이 점점 많아지면, 말렐딜이 한드라미트를 넓혀서 모두 먹을 만큼 식물을 많이 만들어 줄까요?"

"그런 것은 세로니가 아는데요. 그런데 왜 어린 것들이 더 많아지지요?"

랜섬은 대답하기가 어려웠다. 마침내 그가 말했다.

"흐로스들은 어린 것들을 갖는 게 즐거움이 아닌가요?"

"아주 큰 즐거움입니다, 힌간. 우리는 이것을 사랑이라고 하죠."

"어떤 것이 즐거움이면, 힌간은 그것을 다시 원하지요. 그 즐거움을 원해서, 어린 것의 수가 먹일 수 있는 것보다 많아지기도 하지요."

효이는 한참 걸려서야 그 말을 알아들었다.

그가 천천히 말했다.

"그러니까 평생 한두 해만 그런 것이 아니라 다시 원하기도 한다는 건가요?"

"그래요."

"하지만 어째서요? 종일 저녁을 먹고 싶어 하거나 잠잔 후에도 잠을 자고 싶을까요? 이해가 안 되는데요.”

“하지만 저녁밥이야 매일 먹지요. 이 사랑이라는 것은 흐로스가 사는 동안 딱 한 번만 오나요?”

“하지만 사랑을 하려면 평생 걸리지요. 젊을 때는 짝을 찾아야 하고, 그 다음에는 청혼을 해야 되지요. 그리고 자식을 낳고 키우지요. 그리고 이 모든 것을 기억하고 마음에 품어서 시와 지혜로 만듭니다.”

“그런데 오직 기억하기 위해 즐거움에 만족하는 거라고요?”

“그 말은 ‘오직 먹기 위해 음식에 만족하는 것이다’란 말처럼 들리네요.”

“이해가 안 됩니다.”

“즐거움은 기억될 때만 충만한 겁니다. 힌간, 당신은 즐거움과 기억이 다른 것처럼 말하고 있어요. 다 같은 것입니다. 세로니라면 나보다 더 잘 말할 수 있을 텐데. 내가 시로 말할 수 있는 것보다는 못하겠지만. 기억이라고 하는 것이 즐거움의 마지막 부분이지요, 크라 *crah*가 시의 마지막 부분인 것처럼요. 당신과 내가 만났을 때 만남은 아주 짧게 끝났고 그건 아무것도 아니었지요. 이제 우리가 기억하면서 그것이 중요한 게 되지요. 하지만 여전히 우리는 그것에 대해 잘 모릅니다. 죽음을 맞이해서 그것을 기억할 때, 사는 동안 그게 내 안에 무엇이 되었는지 밝혀지지요. 그게 진정한 만남입니다. 다른 것은 만남의 시작에 불과하지요. 당신의 세계에도 시인들이 있다면서요. 그들이 이런 것도 안 가르쳐 줍니까?”

"몇몇은 가르쳐 주겠지요. 하지만 시에서 흐로스는 멋진 구절을 다시 듣고자 갈망하지 않습니까?"

랜섬이 말했다.

효이의 대답은 랜섬이 다 익히지 못한 흐로스어의 특징을 드러냈다. 랜섬이 이해하는 한에서는 '갈망하다' 혹은 '그리워하다'를 의미하는 두 단어가 있는데, 흐로스들은 둘을 완전히 구별했고, 오히려 반대로 썼다. 효이는 모두가 그것을 그리워(웬델론)하겠지만 랜섬이 말하는 의미에서는 아무도 갈망하지(흘룬텔린)는 않는다고 말하는 듯했다.

효이가 말을 이었다.

"정말로 시가 좋은 예지요. 가장 멋진 구절은 뒤에 오는 구절들 때문에 멋진 거니까요. 앞 구절들을 다시 보면 생각보다 멋지지 않다는 것을 알게 되지요. 없애고 싶어지고요. 좋은 시에서는 그래요."

"한데 나쁜 시에서는요, 효이?"

"나쁜 시는 들을 만하지 않지요, 힌간."

"그럼 나쁜 삶에서의 시는 어때요?"

"흐나우의 삶이 어떻게 나쁠 수가 있나요?"

"효이, 나쁜 흐로스들이 없다는 말입니까?"

효이는 생각에 잠겼다. 마침내 그가 말했다.

"당신의 말 같은 이야기를 들은 적이 있습니다. 가끔 여기저기서 어떤 나이의 애들이 이상한 버릇을 갖는다고 해요. 흙을 먹고 싶어 하는 아이에 대해 들었어요. 어디선가 흐로스가 사랑하는 시간을 늘리고 싶어 할지 모르지요. 그런 말을 듣지는 못했지만 그럴지도 몰라요. 더 이상한 얘기도 들어 봤거든요. 오래 전에 다른 한드라미트에 살았던 흐로스에 대한 시가 있어요. 그는 두 개로 만들어진 것들을 봤어요. 즉 하늘에 태양 두 개, 목에 머리 두 개. 마침내 그가 미쳐서 배우자도 둘을 원했다고 해요. 당신에게 믿으라고 말하지 않겠지만, 이야기는 그래요. 그가 두 흐레스니hressni를 사랑했다고요."

랜섬은 이 말을 곰곰이 따졌다. 효이가 속이는 게 아니라면, 이들은 본래 금욕하고, 일부일처제인 종이었다. 그런데 그게 뭐 이상한가? 어떤 동물은 정기적인 번식기를 갖는다. 자연이 성적 충동을 밖으로 돌릴 수 있는 기적을 행할 수 있다면, 왜 그 방향으로 나아가 윤리 때문이 아니라 본능적으로 한 대상에만 머물게 하지 못하겠는가? 지구의 동물 중 일부 '하등' 동물들은 본능적으로 일부일처제를 행한다는 말을 들은 기억이 어렴풋이 떠올랐다. 흐로스들 사이에서 무제한 번식과 난혼은 성도착자만큼이나 희귀한 일임이 분명했다. 마침내 알 수 없는 것은 흐로스들이 아니라 인간들이라는 생각이 들었다. 흐로스들이 그런 본능을 지닌 것이 좀 놀랍기는 했다. 하지만 흐로스들의 본능은, 그토록 멀리 떨어져 존재하는 인간이란 종이 이루지 못한 이상과 그렇게도 비슷한데, 어째서 인간의 본능은 통탄할 만큼 다른 것인가? 인간의 역사는 무엇인가? 이런 생각을 하고 있을 때 효이가 다시 말을 시작했다.

"틀림없이 말렐딜이 우리를 그렇게 만든 거지요. 모두 자식을 스물씩 갖는다면 어떻게 먹을 게 충분하겠어요? 또 하루나 한 해가 다시 오기를 늘 바란다면 어떻게 견디고 살면서 세월이 흐르게 할 수 있겠어요? 매일의 삶을 기대와 추억으로 채우고 지금 하루하루가 바로 의미 있는 그날이라는 걸 모른다면 어쩌겠어요?"

랜섬은 지구를 대표해서 무의식적으로 초조해하며 말했다.

"그래도 말렐딜이 흐나크라를 있게 하는걸요."

"그렇긴 해도 그건 다르지요. 그가 나를 죽이고 싶어 하니까 나도 그를 죽이고 싶어요. 그 검은 입이 달려들면 내 배가 맨 먼저 나서고, 배에 탄 나도 곧은 창을 들고 맨 먼저 나서고 싶습니다. 그가 나를 죽인다면 내 부족이 슬퍼할 거고, 내 형제들은 그를 더욱 죽이고 싶을 거예요. 하지만 그들은 흐나크라들이 없으면 하고 바라지 않아요. 나도 마찬가지고요. 당신이 시인들을 이해 못하는 마당에 내가 어떻게 당신을 이해시킬 수 있겠어요? 흐나크라는 우리의 적이지만 우리가 사랑하는 것이기도 해요. 흐나크라가 자신이 태어난 북쪽 물의 산에서 내려다볼 때, 우리는 마음으로 그의 기쁨을 느끼지요. 그가 폭포에서 뛸 때 우리는 함께 펄쩍 뛰어요. 겨울이 오고 호수가 우리 머리보다 높이 연기를 올리면, 우리는 그의 눈으로 호수를 보고 그가 방랑할 때가 온 것을 알지요. 우리는 집에 그의 모습을 걸어 놓습니다. 모든 흐로스들의 표시는 흐나크라지요. 그에게 계곡의 정신이 깃들여 있고, 우리 어린 것들은 여울에서 물장구를 칠 수 있는 나이가 되면 흐나크라 놀이를 합니다."

"그가 아이들을 죽이는데도요?"

"자주 있는 일은 아니에요. 그를 아주 가까이 오게 하면 흐로스들도 나쁜 흐로스들이 될 거예요. 그가 내려오기 한참 전에 우리가 그

를 쫓아내야 했지요. 아니요, 힌간. 흐나우를 슬프게 만드는 것은 흐
나크라 주변 세상을 맴도는 몇몇 죽음이 아닙니다. 세상을 어둡게 만
드는 나쁜 흐나우들이지요. 이 말도 해야겠네요. 호수에 위험이 없다
면 숲이 그렇게 환하지 않을 거고, 물도 그리 따뜻하지 않을 거고, 사
랑도 그렇게 달콤하지 않을 겁니다. 나를 만들어 준 하루에 대해 말
해 줄게요. 그런 날은 딱 한 번만 오지요. 사랑처럼, 혹은 멜딜로른에
서 오야르사를 섬기는 것처럼요. 내가 아직 애티를 못 벗을 만큼 어
렸을 때, 한드라미트를 높이 올라가서 한낮에도 별이 빛나고 물이 차
갑기까지 한 곳에 갔지요. 거대한 폭포를 기어 올라갔어요. 세상에서
가장 경이로운 발키 연못가에 서 있었지요. 연못가의 벽은 높디높고,
오랜 시간의 자취가 만들어 낸 웅장하고 성스러운 이미지들이 있지
요. '물의 산'이라는 폭포가 있어요. 내가 거기 혼자 서 있을 때, 말렐
딜과 나만 있을 때였어요. 오야르사께서 한마디도 보내 주지 않으셨
을 때인데도 내 마음은 더 고양되고 노래는 더 깊어졌어요. 지금까지
도 그래요. 하지만 발키에 흐나크라들이 산다는 것을 내가 몰랐더라
도 그랬을까요? 거기서 내가 생명을 마신 것은 연못에 죽음이 있었
기 때문이에요. 그건 한 가지를 빼면 최고의 물이었지요."

"한 가지가 뭔데요?"

랜섬이 물었다.

"내가 죽음을 마시고 말렐딜에게 갈 때, 그날의 죽음이요."

곧 그들은 일어나서 다시 일을 시작했다. 해가 기울 때, 그들은 숲
을 지나 돌아왔다. 랜섬은 효이에게 물어볼 말이 떠올랐다.

그가 말했다.

"효이, 처음 내가 당신을 보고 당신이 날 보기 전에 당신은 벌써 말을 하고 있었던 것 같아요. 그래서 당신이 흐나우라는 걸 알았어요. 그렇지 않았으면 난 당신을 짐승으로 생각하고 도망쳤을 거예요. 그런데 누구한테 말한 거예요?"

"엘딜한테요."

"그게 뭔데요? 난 아무도 못 봤는데."

"당신의 세계에는 엘딜들(엘딜라 *eldila*)이 없나요, 힌간? 참 이상하네요."

"그들이 뭔데요?"

"오야르사한테서 와요. 그들은 흐나우와 비슷하다고 할 수 있죠."

"오늘 나갈 때 여자아이를 지나쳤는데, 그애도 엘딜한테 말하고 있다고 했어요. 하지만 난 아무것도 보지 못했거든요."

"당신의 눈을 보면, 우리 눈과 다르다는 것을 알 수 있어요, 힌간. 하지만 엘딜들은 보기가 힘들어요. 그들은 우리 같지 않아요. 빛이 그들을 뚫거든요. 알맞은 곳에서 알맞은 때 봐야만 볼 수 있어요. 엘딜이 보여 주기 싫으면 그런 때는 결코 오지 않을 거예요. 때로 엘딜을 햇빛이나 나뭇잎의 움직임이라고 착각할 수도 있지만, 다시 보면 그게 엘딜이었다는 것을 알지요. 벌써 사라지고 없지만요. 하지만 당신의 눈으로 엘딜을 볼 수 있을지는 나도 모르겠어요. 세로니라면 그걸 알 텐데."

13

다음 날 아침 햇살이—하란드라에서는 벌써 볼 수 있는—숲에 비치기도 전에 마을 전체가 활기를 띠었다. 밥을 하는 모닥불 불빛으로 랜섬은 흐로스들의 부산한 움직임을 보았다. 여자들은 허접한 냄비에서 김 나는 음식을 붓고 있었다. 흐노라는 창들을 배로 옮기는 일을 지휘했다. 가장 노련한 사냥꾼 무리에 낀 효이가 너무 빨리 전문적인 말을 해서 랜섬은 알아들을 수 없었다. 이웃 마을에서 무리들이 속속 도착했고, 아이들은 신 나서 소리를 지르며 어른들 사이를 이리저리 뛰어다녔다.

랜섬은 그가 사냥에 끼는 것을 흐로스들이 당연시함을 알았다. 그는 효이의 배에 휜과 함께 탈 예정이었다. 두 흐로스가 교대로 노를 젓고, 랜섬과 노를 안 젓는 흐로스는 뱃머리에 있기로 했다. 그는 흐로스들이 그에게 최고로 귀한 대접을 하고 있다는 것을 잘 알았다.

효이와 휜은 흐나크라가 나타날 때 랜섬이 노를 저을까 봐 곤란해했다. 얼마 전만 해도 영국에서 미지의 무서운 수중 괴물을 공격하는 영광스럽고도 위험한 일이 주어졌다면 랜섬은 차마 수락하지 못했을 것이다. 더 최근에, 소른을 보고 달아날 때나 밤에 숲에서 푸념할 때만 해도, 오늘 하려는 일을 할 능력이 없다고 생각했을 터였다. 그런데 이제 그의 의도는 분명했다. 무슨 일이 벌어지든, 그는 인간도 흐나우임을 보여 줘야 했다. 그 순간이 오면 그런 각오가 아주 다르게 보이리란 것을 잘 알지만, 어떻게 해서든 이 일을 감당해 낼 수 있을 거라는 드문 자신감이 느껴졌다. 그것은 필요한 일이었고, 필요한 일은 늘 가능했다. 호흡하는 공기나 흐로스 사회의 뭔가가 그에게 변화를 일으키기 시작했다.

호수가 첫 햇살을 반사할 무렵, 랜섬은 그들이 시키는 대로 뱃머리에 휜과 나란히 무릎을 꿇고 앉아, 무릎 사이에 창 더미를 놓고 오른손에 창을 들었다. 움직이지 않으려니 몸이 뻣뻣해졌다. 효이가 노를 저어 목적지로 나아갔다. 적어도 배 백 척이 사냥에 참여했다. 그들은 세 무리로 나뉘었다. 가운데의 가장 작은 무리는, 효이와 랜섬이 처음 만난 후에 타고 내려온 물살을 거슬러 올라갈 예정이었다. 랜섬이 처음 보는, 여덟 명이 노를 젓는 긴 배도 동원되었다. 흐나크라의 습관은 가능할 때마다 물살을 타고 떠내려오는 것이었다. 배들을 만나면 그것은 물살을 빠져나와 좌우의 잠잠한 물로 갈 터였다. 그래서 가운데 무리가 천천히 물살을 거슬러 올라가는 사이, 훨씬 빨리 달리는 가벼운 배들이 양쪽에서 오르내리며, '숨은 곳'에서 빠져나오는 흐나크라를 잡을 예정이었다. 이 사냥에서 숫자와 작전 면에서 흐로스들이 우세했지만 흐나크라는 속도가 빠르고 물속에서 헤엄칠 수 있어서 눈에 띄지 않는 장점이 있었다. 그것은 벌어진 입을 통해서가 아니면 공격할 수 없었다. 공격하는 배에서 사냥꾼들이 창던지기에 실패한다면, 그들과 배 모두 끝장나기 십상이었다.

가벼운 배들 무리에서 용감한 사냥꾼이 목표로 할 수 있는 일은 두 가지였다. 뒤로 처져 흐나크라가 만날 가능성이 크고, 긴 배들과 바짝 붙어 있을 수 있었다. 또 한껏 내달려 사냥꾼을 벗어난 흐나크라를 만날 수 있게 최대한 앞으로 나가 있는 방법이 있었다. 잘 조준한 창으로 흐나크라를 유인해서 물살에서 빠져나오게 할 수 있을 터였다. 몰이꾼들이 몰아 주면 사냥꾼 혼자 흐나크라를 잡을 수 있었다. 그렇게 끝나기만 한다면 말이다. 이것이 효이와 휜의 바람이었다. 또 그들의 영향을 많이 받은 랜섬의 바람이기도 했다. 그래서 몰이꾼 배들이 물거품 벽을 뚫고 상류로 가기도 전에, 효이는 최대한 노를 빨리 저어 북쪽으로 내달렸다. 다른 배들을 지나서, 잔잔한 물로 향하고 있었다. 속도감에 기분이 좋았다. 추운 아침이라 배가 헤치고 나아가는 따뜻한 파란 물이 불쾌하지 않았다. 뒤에서, 계곡 양쪽의 먼 바위 산봉우리에서 2백이 넘는 흐로스들의 함성이 종소리처럼 울려 퍼졌다. 사냥개들의 울음보다 음악 소리에 가까웠지만, 소리를 지르는 취지는 같았다. 랜섬의 내면에서 오래 잠자던 뭔가가 깨어났다. 이 순간 그가 흐나크라를 무찌르는 것도 불가능하지 않을 듯했다. 힌간 흐나크라푼트의 명예가 인간을 모르는 이 세계의 자손들에게 전해지겠지. 하지만 전에도 그런 꿈이 있었고, 그 꿈들이 어떻게 끝났는지 랜섬은 알았다. 새로 솟구치는 감정의 소용돌이를 겸손으로 누르며, 그는 일렁이는 물살로 눈을 돌렸다. 그들은 물살 속으로 들어가지 않고 둘러 가고 있었다. 랜섬은 물살을 찬찬히 살폈다.

오랫동안 아무 일도 일어나지 않았다. 자세 때문에 몸이 뻣뻣하게 느껴지자 일부러 근육을 풀었다. 곧 훤이 노를 젓기 위해 마지못해 배 끝으로 갔다. 임무를 바꾸기 무섭게, 효이는 물살에서 눈을 떼지 않고 랜섬에게 나직이 말했다.

"물 위로 엘딜이 우리에게 오고 있어요."

랜섬은 아무것도 볼 수 없었다. 상상과 호수에서 넘실대는 햇살과 다른 것을 구분할 수 없었다. 잠시 후 효이가 다시 말했지만, 그에게 말하는 게 아니었다.

"그게 뭡니까, 하늘에서 나신 이여?"

다음 순간 랜섬은 말라칸드라에서 한 경험 중 가장 독특한 경험을 했다. 목소리가 들렸다. 소리가 공중에서, 머리 위 1미터쯤 되는 데서 나는 것 같았다. 흐로스보다 한 옥타브는 고음이었다. 랜섬의 목소리보다도 높았다. 아주 조금만 다르게 들었어도, 엘딜을 못 보는 것처럼 소리도 못 들었으리란 것을 알았다.

목소리는 말했다.

"효이, 너와 같이 있는 이는 인간이다. 그는 거기 있으면 안 된다. 그는 오야르사에게 가야 한다. 툴칸드라에서 온 나쁜 흐나우들이 그를 좇고 있다. 그는 오야르사에게 가야 한다. 그들이 다른 데서 그를 찾으면, 재앙이 있을 것이다."

효이가 말했다.

"그가 당신 말을 듣습니다, 하늘에서 나신 이여. 제 아내를 위한 전갈은 없습니까? 아내가 듣고 싶어 하는 말을 아시지요."

엘딜이 말했다.

"흘레리를 위한 전갈이 있다. 하지만 너는 그것을 받지 못할 것이다. 지금 내가 직접 그녀에게 간다. 모든 게 잘 되고 있다. 다만, 인간을 오야르사에게 보내거라."

잠시 침묵이 흘렀다.

휜이 말했다.

"엘딜은 떠났어요. 그리고 우린 사냥에서 분담할 이를 잃었고요."

효이가 한숨 지으며 말했다.

"맞아. 우린 힌간을 물가로 데려가서 멜딜로른에 가는 길을 가르쳐 줘야 해."

랜섬은 그럴 용기가 있는지 자신이 없었지만, 한편으로는 현재의 상황에서 벗어난다는 생각에 순간적으로 안심이 되었다. 하지만 다른 한편으로는 새로 만난 이들과 붙어 있어야 된다는 생각도 들었다. 지금 아니면 영영 못 빠져나갈 테고, 이들과 함께가 아니면 누구도 곁에 없을 터였다. 그는 깨진 꿈 대신 기억에 남을 업적을 남겨야 했다. 그는 양심과 비슷한 뭔가에 따르며 이렇게 말했다.

"아니요, 아니에요. 사냥이 끝난 뒤에도 시간이 있어요. 우린 먼저 흐나크라부터 죽여야 합니다."

"일단 엘딜이 말했으면,"

효이가 말을 시작하는데, 갑자기 휜이 크게 소리치면서(3주 전이었다면 랜섬은 그 소리를 '짖었다'라고 했으리라) 손짓했다. 거기서 멀지 않은 곳에 어뢰 같은 거품 자국이 있었다. 이제 물거품 벽 사이로 금속처럼 빛나는 괴물의 옆구리가 보였다. 휜은 정신없이 노를 저었다. 효이는 창을 던졌지만 빗맞았다. 첫 번째 창이 물을 가를 때 두 번째 창이 벌써 공중을 날았다. 이번에는 흐나크라를 맞춘 듯했다. 괴물이 물살 속에서 방향을 바꾸었다. 랜섬은 커다란 검은 동굴 같은 입이 두 번 열렸다 닫히는 것을 보았다. 상어처럼 이빨이 딱딱 부딪치는 소리가 났다. 이제 랜섬도 창을 던졌다. 숙달되지 않은 솜씨로 흥분해서 급히 내던졌다.

"뒤쪽이야."

효이가 휜에게 소리쳤다. 휜은 있는 힘을 다해서 벌써 물을 거슬러 올라가고 있었다. 그때 모든 게 혼란스러워졌다. 랜섬은 휜의 고함소리를 들었다.

"해안!"

충격으로 랜섬은 흐나크라의 입 속으로 내던져질 뻔했고, 그 순간 물이 허리까지 차 있었다. 흐나크라가 이빨을 딱딱 부딪치며 랜섬에게 달려들었다. 그는 흐나크라의 아가리에 창을 연신 던졌다. 효이가 괴물의 등에—코에—걸터앉아 몸을 숙이고 거기서 창을 마구 던졌다. 갑자기 효이가 괴물의 등에서 떨어져 거대한 물보라를 튀기며 10미터쯤 떨어진 물에 텀벙 빠졌다. 하지만 흐나크라는 죽었다. 괴물은 모로 누워서 몸부림치며, 검은 생명을 부글부글 뿜어냈다. 주변의 물이 까맣고 악취가 났다.

랜섬이 정신을 차렸을 때는 그들 모두 해안에 있었다. 홀딱 젖어서 몸에서 김이 났고, 지쳐서 부들부들 떨며 서로 부둥켜안고 있었다. 흐로스의 털난 젖은 가슴에 달라붙어 있는 것이 이제는 이상하지 않았다. 흐로스들의 숨결은 달작지근해도 인간의 숨결과 달랐지만 랜섬은 역하지 않았다. 그는 흐로스들과 함께였다. 게다가 이성이 있는 여러 종족에 익숙한 흐로스들이 느껴 본 적이 없었을 난관도 이제는 극복되었다. 그들은 모두 흐나우였다. 그들은 적 앞에서 어깨를 나란히 하고 대적했다. 이제 그들의 머리 모양은 중요하지 않았다. 랜섬도 그것을 극복했고 창피한 꼴을 당하지 않았다. 그는 성숙해졌다.

그들은 숲이 없는 작은 갑에 있었다. 싸움의 혼란에 빠진 채 거기 좌초한 모양이었다. 배의 잔해와 괴물의 시체가 물속에 나뒹굴었다. 나머지 사냥꾼들의 소리가 들리지 않았다. 그들은 일행보다 1.5킬로미터쯤 앞에서 흐나크라를 만났다. 셋은 앉아서 숨을 가다듬었다.

효이가 말했다.

"그러니까 우리가 흐나크라푼티가 되었군. 내가 평생 바라던 게 그거였는데."

그 순간 랜섬은 귀가 멀 정도로 시끄러운 소리를 들었다. 익숙한 소리지만 듣게 될 줄 상상도 못하던 소리였다. 그것은 지구, 인간의 소리였고 문명화된 소리였다. 유럽의 소리이기도 했다. 영국 라이플총을 쏘는 소리였다. 랜섬의 발치에서 효이가 헐떡대며 일어나려고 버둥댔다. 그가 몸부림치는 하얀 잡초에 피가 번졌다. 랜섬은 흐로스 곁에 무릎을 꿇고 앉았다. 효이의 큰 몸이 너무 무거워서 랜섬은 몸을 돌리지 못했다. 횐이 거들어 주었다.

"효이, 내 말이 들려요?"

랜섬은 물개처럼 둥근 흐로스의 머리통에 얼굴을 들이대며 물었다. 랜섬이 계속 말했다.

"효이, 이런 일이 생긴 것은 나 때문이에요. 당신을 쏜 것은 다른 힌간들이에요, 나를 말라칸드라로 데려온 나쁜 자들이지요. 내가 미리 말해 줘야 했는데. 우리는 다 나쁜 종족이에요. 우리는 말라칸드라에 악을 안겨 주려고 여기 왔어요. 우리는 반쪽짜리 흐나우에 불과해요. 효이……."

그의 말이 불분명해졌다. 랜섬은 '용서'나 '창피', '잘못' 같은 말을 몰랐고 '미안하다'는 말도 잘 몰랐다. 그는 말없이 죄책감을 느끼며 효이의 뒤틀린 얼굴을 바라볼 수밖에 없었다. 하지만 효이는 이해하는 것 같았다. 효이가 무슨 말을 하려 하자, 랜섬은 그의 입에 귀를 갖다 댔다. 효이의 멍한 눈이 랜섬의 눈과 마주쳤지만, 그 표정을 전혀 알 수 없었다.

"흐나 흐나……."

효이가 중얼대더니 마침내 말을 이었다.

"힌간 흐나크라푼트."

그때 온몸이 경련을 일으키면서, 입에서 피와 침이 쏟아져 나왔다. 팔이 툭 떨어지면서 갑자기 고개가 밑으로 축 처졌다. 효이의 얼굴은 외계인과 동물처럼 변했다. 처음 만났을 때 같았다. 번들거리는 눈빛, 서서히 굳는 몸, 흠딱 젖은 털은 지구의 숲에서 보는 동물의 시체와 비슷했다.

랜섬은 웨스턴과 드바인에게 저주를 퍼붓고 싶은 충동을 억눌렀다. 대신 눈을 들어 휜과 눈을 맞추었다. 그는 시신 건너편에 쭈그리고 앉아 있었다. 흐로스들은 무릎을 꿇고 앉지 않았다.

랜섬이 말했다.

"나는 당신네 종족의 손에 달려 있어요, 휜. 그들이 뜻대로 하면 됩니다. 하지만 그들이 현명하다면 나를 죽일 거예요. 나머지 두 인간도 죽일 거고요."

휜이 대답했다.

"우리는 흐나우를 죽이지 않아요. 오야르사만이 그런 일을 합니다. 하지만 다른 사람들은 어디 있나요?"

랜섬은 주위를 둘러보았다. 갑은 트였지만 내륙으로 이어지는 곳에는 나무가 **빽빽**했다. 2백 미터쯤 되는 거리였다.

"숲 어딘가에 있어요. 몸을 낮춰요, 휜. 여기는 가장 낮은 육지예요. 그들이 다시 그것으로 쏠지도 몰라요."

랜섬은 휜에게 몸을 낮추게 하기가 힘들었다. 둘이 땅바닥에 엎드리자 발이 물에 닿았다. 그때 흐로스가 다시 입을 열었다.

"그들은 왜 효이를 죽였나요?"

휜이 물었다.

"그들은 효이가 흐나우라는 것을 모를 거예요. 전에 말했듯이, 우리 세계에는 한 가지 흐나우만 있어요. 그들은 효이를 동물이라고 생각했을 거예요. 그렇게 생각하면 그들은 재미 삼아 죽여요. 혹은 두려워서 혹은 (그는 머뭇거렸다) 배가 고파서 죽이지요. 하지만 내가 진실을 말해 줄게요, 휜. 그들은 흐나우도 죽이곤 해요. 그것이 흐나우라는 것을 알아도, 죽여서 만족스럽다면 죽일 거예요."

잠시 침묵이 흘렀다.

랜섬이 입을 열었다.

"그들이 나를 봤는지 궁금하네요. 그들이 찾는 것은 바로 나거든요. 내가 그들에게 가면 만족하고 더 이상 당신네 땅으로 들어오지 않을 겁니다. 한데 그들은 왜 뭘 죽였는지 확인하러 나오지 않을까요?"

"우리 일행이 오고 있네요."

휜이 고개를 돌리며 말했다. 랜섬이 돌아보니 배들로 호수가 검게 보였다. 몇 분 후면 사냥대의 본진이 도착할 터였다.

랜섬이 말했다.

"그들은 흐로스들을 두려워해요. 그래서 숲에서 나오지 않는 거예요. 내가 그들에게 가겠어요, 휜."

휜이 대답했다.

"안 됩니다. 나도 생각해 봤어요. 이 모든 일은 엘딜에게 순종하지 않아서 생긴 겁니다. 엘딜은 당신이 오야르사에게 가야 된다고 했어요. 당신은 벌써 길을 떠났어야 했던 겁니다. 지금이라도 가야 해요."

"하지만 그러면 나쁜 인간들이 여기 남게 되는 걸요. 그들이 더 해를 입힐지도 몰라요."

"그들은 흐로스들을 어쩌지 못할 거예요. 당신도 그들이 두려워한다고 했잖아요. 우리가 그들을 잡을 거예요. 걱정하지 말아요. 그들이 우리를 보지도, 우리 기척을 듣지도 못하게 할 테니까요. 우리가 그들을 오야르사에게 데려갈 거예요. 하지만 당신은 엘딜의 명령대로 당장 떠나야 해요."

"흐로스들은 효이가 죽은 후 내가 차마 볼 낯이 없어서 도망쳤다고 생각할 거예요."

"어떻게 생각하느냐가 아니라 엘딜의 말이 중요해요. 이건 애들 말장난 같은 거예요. 잘 들어요, 내가 가는 길을 알려 줄 테니까요."

흰은 남쪽으로 닷새 동안 걸어가면 다른 한드라미트가 나오고, 거기서 사흘 동안 서쪽과 북쪽으로 가면 멜딜로른이 있다고 설명했다. 거기가 오야르사가 있는 곳이었다. 하지만 지름길이 있었다. 두 협곡 사이에 있는 하란드라의 모퉁이를 가로지르는 산길로 가면, 이튿날 멜딜로른에 다다를 수 있었다. 그러려면 앞쪽의 숲으로 들어가서, 한드라미트의 벽이 나올 때까지 숲 속을 걸어야 했다. 그리고 산맥의 기슭을 따라 남쪽으로 가다 보면 산맥 사이에 길이 있다고 했다. 이 길을 올라가면 산맥 꼭대기 너머 어딘가에 오그레이의 탑이 있었다. 오그레이가 그를 도와줄 터였다. 숲을 벗어나기 전에 잡초를 뜯어 식량을 마련해서 바위투성이 길로 나서면 될 터였다. 흰은 랜섬이 숲에 들어서자마자 다른 두 인간을 만나게 되리란 것을 알아차렸다.

그가 말했다.

"당신이 그들에게 잡힌다면, 당신의 말처럼 되겠지요. 그들은 우리 땅에 더 들어오지 않을 겁니다. 하지만 여기 머무는 것보다는 오야르사에게 가는 길을 택하는 쪽이 나아요. 또 오야르사는 당신이 그에게 나아가는 것을 나쁜 인간들이 가로막지 못하게 할 겁니다."

랜섬은 결코 이것이 본인이나 흐로스들을 위해 최선의 방편이라고 믿을 수 없었다. 하지만 효이가 쓰러진 후 밀려든 수치심에 사로잡혀서 꼬투리를 달 수 없었다. 흐로스들이 그에게 바라는 일이라면 뭐든 하고 싶어서 안달이 났다. 그들에게 가능하면 폐를 덜 끼치고 싶었고, 무엇보다도 벗어나고 싶었다. 흰이 어떤 감정을 느끼는지 알아낼 수 없었다. 랜섬은 항변과 후회와 자책의 말을 늘어놓고 싶은 강한 충동을 억눌렀다. 용서한다는 대답을 들을 수 있겠지만 참았다. 효이는 마지막 숨을 거두며 그를 '흐나크라를 죽인 자'라고 불렀고, 그것으로 충분히 용서 받았다. 그것으로 만족해야 했다. 랜섬은 약도를 세세히 파악하자 흰에게 작별을 고하고, 홀로 숲으로 향했다.

14

숲에 이를 때까지 랜섬은 웨스턴이나 드바인이 다시 총을 쏠 가능성 외에 다른 생각을 할 수 없었다. 그들이 그를 죽이기보다 산 채로 원할 거라는 생각이 들었고, 더불어 흐로스가 그를 지켜본다는 것을 알기에 적어도 겉으로는 태연하게 나아갈 수 있었다. 숲 속으로 들어간 후에도 상당히 위험한 처지라는 게 느껴졌다. 적과 멀리 있다면 잔가지 없는 길쭉한 줄기가 '보호막'이 될 테지만, 이 경우 적이 아주 가까이 있을 듯했다. 웨스턴과 드바인에게 소리를 질러서 항복하고 싶은 강렬한 충동이 밀려들었다. 그러면 그들은 이 지역을 떠나리라. 그들은 랜섬을 소른들에게 끌고 갈 테고, 흐로스들은 다치지 않을 터였다. 하지만 랜섬은 심리학을 좀 알았고, 쫓기는 인간의 항복하고 싶은 비이성적인 본능에 대해 들어 보았다. 사실 그는 꿈속에서 그런 감정을 느꼈다. 신경이 그에게 그런 속임수를 부리고 있다는 생각이 들었다. 아무튼 그는 앞으로는 흐로스들이나 엘딜들의 뜻에 따르기로 마음먹었다. 지금껏 말라칸드라에서 스스로의 판단에 의존하려는 노력들은 비극적으로 끝났다. 그는 모든 기분의 변화는 무시하고, 가능하다면 멜딜로른으로 가는 일에 최선을 다하리라 단단히 결심했다.

여행하는 것이 몹시 불안했기에 이런 각오를 다지는 게 더욱 옳은 처사로 보였다. 랜섬은 건너야 할 하란드라가 소른들의 본거지임을 알았다. 사실 그는 말라칸드라에 도착한 후로 줄곧 피하려 했던 그 함정으로 제 발로 들어가고 있었다. (여기서 처음으로 기분의 변화가 머리를 들려고 했다. 그는 그것을 질끈 눌렀다.) 소른들을 무사히 통과하여 멜딜로른에 도착한다고 해도, 오야르사는 어떤 자일까? 혹은 무엇일까? 흰의 말로 볼 때, 흐로스들은 흐나우의 피를 뿌리는 데 반대하지만 오야르사는 그렇지 않았다. 또 오야르사는 흐로스들과 피플트리기뿐 아니라 소른들을 다스렸다. 그는 소른의 우두머리일 수도 있었다. 그러자 으스스한 기분이 들었다. 지구에서 느끼던, 냉철하고 지성적인 외계인들에 대한 두려움이 밀려왔다. 권력에서는 초인적이고 잔혹한 면에서는 인간 이하라는 선입견은 흐로스들과 지내면서 사라졌지만 이제 다시 생겨나려 했다. 하지만 랜섬은 성큼성큼 걸었다. 멜딜로른으로 가고 있었다. 흐로스들이 악하거나 괴물 같은 것에게 복종할 리가 없다고 중얼댔다. 그들은 오야르사가 소른이 아니라고 말했다. 정말 그렇게 말했던가? 랜섬은 확신이 없었다. 오야르사가 신일까? 아마도 소른들이 그를 제물로 바치고 싶어 했던 그 우상일 수도 있다.

그러나 흐로스들은 오야르사에 대해 묘한 말을 했지만 그가 신이 아니라고 단호히 말했다. 그들에 따르면 신은 하나, '젊은 말렐딜'뿐이었다. 효이나 흐노라가 피에 얼룩진 우상을 숭배하는 것은 상상할 수 없는 일이었다. 물론 흐로스들이 소른들의 휘하에 있다면 얘기가 달랐지만. 흐로스들이 인간이 가치 있게 여기는 부분에서는 소른들보다 우월해도, 지성적으로 열등해서 지배자인 소른들에게 의존한다면 얘기가 달라졌다. 이상하지만 전혀 상상할 수 없는 세계도 아닐 터였다. 바탕에 영웅주의와 시가 있고, 그 위에 냉철한 과학적인 지성이 있고, 모든 것 위에 어두운 미신이 있겠지. 과학적인 지성들은 무시했던 골 깊은 검은 미신의 원한에 무력해져서 그것을 제거할 의지도 힘도 없었겠지. 우상 숭배……. 하지만 랜섬은 그런 생각을 하는 자신을 나무랐다. 이제 아는 게 많아서 그런 엉뚱한 말을 할 수 없었다. 단순히 설명만 들었다면 랜섬과 그의 부류는 엘딜들을 미신으로 치부했겠지만, 이제 그는 엘딜의 목소리를 직접 들었다. 아니, 오야르사는 사람이라면 실제 인물이었다.

한 시간쯤 걸으니 정오 무렵이었다. 방향을 잡는 데는 어려움이 없었다. 계속 언덕길을 올라갔고, 조만간 숲을 빠져나가 산의 벽면에 닿으리라 확신했다. 마음은 몹시 무거웠지만 몸 상태는 눈에 띄게 좋았다. 숲의 어슴푸레한 보라색 빛이 조용히 주위를 감쌌다. 말라칸드라에서 보낸 첫날과 비슷했지만, 다른 것은 다 달라졌다. 랜섬은 악몽을 꾸듯 그때를 돌아보았다. 그때는 토할 듯이 메스꺼웠다. 그때는 겁에 질려 이치를 따지지 않고 멋대로 생각하고, 기운 빠지는 절망에 휩싸였다. 지금은 받아들인 의무가 명료한 가운데 두렵긴 해도 자신과 세상에 대한 또렷한 자신감이 느껴졌다. 심지어 즐거운 구석까지 있었다. 침몰하는 배에 탄 육지 사람과 날뛰는 말에 탄 기수의 차이였다. 둘 다 죽을지 모르지만, 기수는 당하는 입장일 뿐 아니라 일을 주도하는 입장인 게 달랐다.

정오에서 한 시간쯤 지났을 때, 랜섬은 갑자기 숲에서 나와 환한 햇살 속에 섰다. 거의 수직을 이루는 산에 다다랐는데, 그가 있는 곳에서 20미터도 채 되지 않았다. 너무 가까워서 산꼭대기가 보이지 않았다. 그가 도착한 곳과 다른 산 사이에 오목한 계곡 같은 것이 있었다. 오목한 곡면을 이루는 바위로 된 계곡은 넘을 수가 없었다. 아랫부분부터 집의 지붕만큼 가파르게 뻗어 수직을 이루는 것 같았다. 그 꼭대기는 돌로 된 파도가 부서지는 순간처럼 공중에 매달린 듯이 보였지만, 랜섬은 이것이 환상일 거라고 생각했다. 흐로스들이 생각하는 길이 어떤 것인지 걱정스러웠다.

숲과 산 사이로 난 좁은 길을 따라 남쪽으로 걸어가기 시작했다. 산들의 튀어나온 부분을 잇따라 지나야 해서, 체중이 가벼운 이곳에서도 몹시 지쳤다. 반 시간쯤 지나자 시냇물에 다다랐다. 여기서 몇 발자국 숲으로 들어가 땅에 자라는 잡초를 넉넉히 뜯어서, 물가에 앉아 점심을 먹었다. 식사를 마치자 남은 잡초를 주머니에 챙겨 넣고 걸음을 옮겼다.

길이 나올지 걱정되기 시작했다. 꼭대기에 오르려면 환한 낮이어야 했고, 벌써 한낮이 다가오고 있었다. 하지만 그것은 쓸데없는 걱정이었다. 길이 나타나자 분명히 알 수 있었다. 숲 사이로 왼쪽에서 트인 길이 드러났다. 이제 그는 흐로스 마을 뒤편 어딘가에 와 있음이 분명했다. 오른쪽으로 도로와 선반처럼 튀어나온 곳이 보였다. 전에 본 계곡 같은 곳을 가로질러 협곡이 비스듬히 위쪽으로 나 있었다. 랜섬은 숨을 멈추었다. 기가 막힐 만큼 가파르고 무시무시하게 좁은 오르막길이었다. 계단도 없는 길은 그가 선 곳에서 높이 뻗어 연초록색 바위 표면 위쪽의 보이지 않는 곳까지 이어졌다. 하지만 서서 구경이나 할 때가 아니었다. 랜섬은 높이에 대한 감각이 없었지만, 길의 꼭대기가 높은 산까지의 거리 이상이라고 확신했다. 그곳에 이르려면 적어도 해 질 무렵까지는 걸어야 할 터였다. 곧바로 그는 오르기 시작했다.

지구였다면 거기까지 가는 것은 불가능했을 것이다. 랜섬만 한 체구의 또래 사람이라면 15분만 걸어도 지쳤을 것이다. 처음에 그는 이곳에서 가뿐가뿐 움직여서 좋았지만, 경사면의 각도와 길이 때문에 비틀댔다. 말라칸드라인 이곳에서도 곧 고개가 떨구어지고 가슴이 뻐근하고 무릎이 후들거렸다. 하지만 거기서 그치지 않았다. 랜섬은 벌써 귀가 멍멍했고, 힘들게 움직이는데도 이마에 땀이 나지 않는 것을 알아차렸다. 걸음을 옮길 때마다 추위가 심해져서 기운을 빼는 정도는 더위보다도 심했다. 벌써 입술이 갈라졌고, 헐떡거릴 때 구름 같은 숨이 뿜어져 나왔다. 손가락에는 감각이 없었다. 랜섬은 조용한 극한의 세계로 들어가고 있었다. 이미 영국의 겨울에서 라플란드(유럽의 최북단 지역—옮긴이)의 겨울로 간 셈이었다. 덜컥 겁이 났다. 여기서 쉬기로 했다. 안 그러면 못 쉴 것 같아서였다. 백 걸음 더 가서 앉는다면 영영 주저앉게 될 터였다. 그는 잠시 길에 쭈그리고 앉아서 양팔로 몸을 탁탁 쳤다. 경치는 으스스했다. 그가 몇 주 지낸 한드라미트는 산봉우리들 사이와 너머로 보이는 평편한 하란드라 속의 좁은 보라색 틈 정도로밖에 안 보였다. 하지만 랜섬은 얼마 쉬지 않아서 걸음을 옮겨야지 안 그러면 죽는다는 것을 알았다.

세상은 점점 이상해졌다. 흐로스들과 살면서는 이상한 별에 있다는 기분은 느끼지 못했다. 여기 오니 그런 느낌이 강하게 되살아났다. 이제는 '아는 세상'이 아니었고, 심지어 '세상'이라고 하기도 어려웠다. 이곳은 행성, 별, 우주의 황폐한 곳이었다. 인간 세상에서 수백만 마일 떨어진 곳이었다. 효이나 휜, 엘딜들, 오야르사에 대한 감정을 되살릴 수 없었다. 황량한 우주에서 만난 그런 도깨비들에 대해 의무감을 느꼈다니—그들이 환영이 아니라면—대단한 일 같았다. 랜섬은 그들과 관계가 없었다. 그는 인간이었다. 웨스턴과 드바인은 왜 그를 이렇게 홀로 내버려 둘까?

하지만 아직 사고할 수 있을 때의 각오가 내내 길을 가게 부추겼다. 이따금 어디 가는 길인지, 왜 가는지 잊었다. 동작은 기계적인 움직임이 되었다. 기운이 없는 데서 가만히 있는 상태로, 가만히 있는 상태에서 참기 힘든 추위로, 추위에서 다시 움직임으로. 랜섬은 한드라미트에—이제는 분간되지도 않는 풍경이다—연무가 자욱한 것을 알아차렸다. 거기 사는 동안은 안개를 본 적이 없었다. 어쩌면 위에서 보는 한드라미트의 대기가 이럴 터였다. 확실히 이것과는 달랐다.

폐와 심장에 문제가 있었다. 추위와 지친 상태를 감안해도 이상했다. 눈이 없는데도 유난히 환했다. 빛이 점점 많아지고 강렬하고 점점 희어졌다. 하늘은 말라칸드라에서 본 어느 때보다 검푸렀다. 사실 푸르다기보다는 검은색에 가까웠다. 튀어나온 바위들이 하늘에 솟은 모습은 머리로 그리던 달나라의 풍경과 비슷했다. 별 몇 개가 눈에 띄었다.

랜섬은 이런 현상들이 의미하는 바를 문득 깨달았다. 그의 위쪽으로는 공기가 없었다. 그는 대기의 끝 가까이에 있었다. 말라칸드라의 대기는 주로 한드라미트에 있었고, 행성의 진짜 표면에는 공기가 없거나 희박했다. 따끔대는 햇살과 머리 위의 검은 하늘은 그가 홀로 떨어진 말라칸드라 세계의 '창공'이었다. 마지막 희박한 공기 막 사이로 창공이 보였다. 정상이 30미터 이상 떨어져 있다면, 그곳은 아무도 숨쉴 수 없는 곳일 것이다. 흐로스들의 폐는 인간과 달라서 랜섬을 이 길로 보냈을까? 인간은 죽을 수밖에 없는 길로. 하지만 이런 생각을 하면서도 그는 검은 하늘 위로 솟은, 햇살 받은 뾰족한 봉우리들이 그의 눈높이에 있음을 눈치 챘다. 그는 이제 오르막길을 오르는 게 아니었다. 앞으로 얕은 산골짜기처럼 길이 나 있었다. 랜섬의 왼편으로 높은 바위 꼭대기들이 있고, 오른편으로는 돌이 진짜 하란드라까지 완만한 경사를 이루며 굽이쳤다. 그곳에서 랜섬은 아직 숨을 쉴 수 있었다. 헐떡대고 어지럽고 고통스럽기는 해도 숨 쉴 수가 있었다. 눈부심이 더 심해졌다. 해가 지고 있는 것이었다. 흐로스들은 이것을 미리 알았음이 분명했다. 랜섬처럼 그들도 하란드라에서 밤에는 살 수 없었다. 그는 비척비척 걸으면서, 오그레이의 탑을 찾으려고 두리번거렸다. 오그레이가 뭔지 모르긴 했지만.

그가 시간을 착각했음이 분명했다. 그래서 그를 향해 길게 드리워진 바위 그림자를 보자 의아했다. 얼마 지나지 않아 그는 앞쪽에서 빛을 보았다. 그 빛으로 주위 풍경이 얼마나 어두워졌는지 알 수 있었다. 랜섬은 뛰려고 했지만 몸이 말을 듣지 않았다. 서두르되 기운이 없어서 비틀대며 빛 쪽으로 다가갔다. 빛이 있는 곳에 다 왔다고 생각했지만 그곳은 예상보다 훨씬 멀었다. 절망스러웠다. 다시 비틀대며 걸어 마침내 동굴 입구로 보이는 곳에 이르렀다. 동굴 안에서 불빛이 일렁댔고, 기분 좋은 열기가 얼굴에 다가왔다. 불꽃이었다. 랜섬은 동굴 입구로 가서 불안정한 걸음으로 모닥불을 빙 돌아 안으로 들어갔다. 불빛에 눈을 깜빡이느라 걸음을 멈추었다. 마침내 볼 수 있게 되자, 초록색 바위로 된 방이 눈에 들어왔다. 아주 높이 나 있는 방에는 두 가지가 있었다. 벽면과 천장에서 너울대는 것은 소른의 커다란 각진 그림자였다. 다른 하나는 그림자 밑에 웅크리고 앉은 소른이었다.

15

"들어오너라, 소인이여. 들어와서 네 모습을 보여 다오."

소른의 목소리가 울렸다.

말라칸드라에 발을 디딘 후 머릿속을 떠나지 않던 요괴와 막상 대면하자, 랜섬은 놀랍게도 태연해졌다. 이제 무슨 일을 겪을지 알 수 없지만, 계획대로 하기로 마음먹었다. 한편 따뜻하고 공기가 숨 쉬기에 좋아서 천국 같았다. 랜섬은 모닥불을 지나 쑥 들어가서 소른에게 대답했다. 자기 귀에도 날카로운 고음으로 들렸다.

"흐로스들이 오야르사를 찾아보라며 나를 보냈습니다."

랜섬이 말했다.

소른은 그를 찬찬히 살폈다.

"너는 이 세계 출신이 아니구나."

"그렇습니다."

랜섬이 대답하고 앉았다. 어찌나 피곤한지 설명할 수가 없었다.

"내 생각에는 툴칸드라에서 온 것 같구나, 소인이여."

소른이 말했다.

"왜지요?"

랜섬이 물었다.

"몸이 작고 두텁구나. 더 무거운 세계에서 만들어진 동물들이 그렇지. 글룬단드라에서 왔을 리도 없지. 거기는 워낙 무거운 곳이라서, 동물이 거기 살려면 접시처럼 납작해야 되거든. 그 세계에서는 너라도 일어서면 부서져 버릴 게야. 페렐란드라는 너무 뜨거울 테니 거기 출신도 아니지. 누군가 거기서 온다 해도, 여기 오면 살지 못하지. 그러니까 네가 툴칸드라에서 왔다는 결론이 내려지지."

랜섬이 대답했다.

"내가 온 세상에서 사는 사람들은 그곳을 '지구'라고 부릅니다. 여기보다는 훨씬 따뜻하지요. 당신의 동굴에 들어오기 전, 추위와 희박한 공기 때문에 죽을 뻔했어요."

소른은 긴 앞발을 갑자기 움직였다. 소른이 몸을 붙잡을까 봐 랜섬은 몸이 굳었다(뒷걸음질 치는 것은 간신히 참았지만). 사실 소른은 친절을 베풀려고 움직인 것이었다. 그는 동굴 안쪽으로 손을 뻗어 벽에서 컵처럼 생긴 것을 꺼냈다. 랜섬은 컵에 붙은, 굽혀지는 긴 튜브를 보았다. 소른이 그것을 랜섬에게 주었다.

"여기 대고 냄새를 맡으라. 흐로스들도 이 길을 지날 때는 이게 필요하니까."

소른이 말했다.

랜섬이 숨을 들이쉬자 곧 상쾌해졌다. 숨이 가쁘고 가슴이 뻐근하고 관자놀이가 아프던 증세가 줄어들었다. 지금껏 뿌옇게 꿈처럼 보이던 소른과 환한 동굴이 새롭게 또렷이 보이기 시작했다.

"산소입니까?"

랜섬이 물었지만, 당연히 소른은 영어 단어를 알아듣지 못했다.

"당신이 오그레이인가요?"

랜섬이 물었다.

"그렇다. 너는 무엇이지?"

소른이 말했다.

"나 같은 동물은 '인간'이라고 부릅니다. 그래서 흐로스들은 나를 '힌간'이라고 부르지요. 하지만 나 개인의 이름은 랜섬입니다."

"인간……. 렌─서엄."

소른이 말했다. 랜섬은 소른이 계속 '흐' 발음을 하는 흐로스들과는 다르게 말한다는 사실을 알았다.

소른은 길쭉한 쐐기 모양의 엉덩이 옆에 발을 바싹 붙이고 앉아 있었다. 사람이 같은 자세로 앉아 있다면 무릎에 턱을 고였겠지만, 이 소른은 그리기에는 다리가 너무 길었다. 무릎이 어깨 너머로 솟아 머리통 양쪽에 있는데, 괴상망측한 큰 귀를 연상시켰다. 무릎 사이로 머리를 숙여 턱은 튀어나온 가슴에 놓았다. 이중 턱 아니면 수염이 있는 것 같았다. 랜섬은 어느 쪽인지 불빛으로는 가늠할 수 없었다. 색깔은 주로 희거나 크림색이었고, 발목까지 부드러운 물질로 덮여 있는 것 같았다. 거기에 빛이 반사되었다. 랜섬은 소른이 몸 가까이 당긴 가늘고 약한 정강이에 난 털을 보았다. 짐승 털이 아니라 깃털과 비슷했다. 사실 새털과 똑같았다. 가까이서 보니 이 동물은 생각보다 덜 무시무시하고 약간 작기까지 했다. 얼굴은—사실 익숙해지는 데 제법 시간이 걸렸다—너무나 길고 엄숙하고 파리했고, 여느 생물보다는 불쾌할 만치 사람 얼굴과 비슷했다. 아주 큰 생물이 다 그렇듯 눈이 체구에 비해 작아 보였다. 하지만 이것은 오싹하기보다는 기이한 모양새였다. 랜섬의 머릿속에 '소른'에 대한 새로운 개념이 생기기 시작했다. '거인', '유령'이란 이미지는 사라지고 '도깨비', '얼간이'라는 이미지가 자리 잡았다.

소른이 말했다.

"배가 고프겠군, 소인."

랜섬은 배가 고팠다. 소른은 거미 같은 이상한 몸짓으로 일어나 동굴 주변을 왔다 갔다 했다. 도깨비 같은 가는 그림자가 따라다녔다. 소른은 랜섬에게 말라칸드라의 평범한 푸성귀와 독한 음료를 내놓았다. 곁들여 낸 맛 좋은 부드러운 갈색 음식은 코와 눈과 혀에 틀림없는 치즈였다. 랜섬은 그게 뭔지 물었다.

소른은 어렵사리 설명했다. 어떤 동물의 암컷이 새끼에게 영양을 주려고 액체를 만든다고 했다. 랜섬이 중간에 막지 않았으면 젖을 짜서 치즈를 만드는 전 과정을 설명했을 터였다.

"네, 그렇군요. 지구에도 같은 게 있습니다. 어떤 동물의 젖을 씁니까?"

"목이 긴 노란 동물이지. 한드라미트에서 자라는 숲에서 먹이를
먹지. 아직 다른 일은 못하는 우리 어린 것들이 아침이면 동물들을
거기로 몰고 나가, 동물들이 먹이를 먹는 동안 쫓아다니지. 그런 다
음 밤이 되기 전에 어린 것들은 동물들을 몰고 와서 굴에 넣지."

한순간 랜섬은 소른들이 목동이라는 생각에 위안을 느꼈다. 그때
호메로스(고대 그리스 시인. 《일리아드》, 《오디세이》의 작자―옮긴이)의 키클롭
스(시실리에 살았던 애꾸눈의 거인―옮긴이)도 목동이었다는 점이 떠올랐다.

"당신네 중 하나가 그 일을 하는 것을 본 것 같습니다. 그런데 흐
로스들은 당신들이 그들의 숲을 누비게 해 주나요?"

"왜 안 그러겠나?"

"당신들이 흐로스들을 다스립니까?"

"오야르사가 그들을 다스리지."

"그러면 누가 당신들을 다스립니까?"

"오야르사."

"하지만 당신들은 흐로스들보다 아는 게 많은가요?"

"흐로스들은 시와 물고기와 땅에서 뭔가 키우는 일 외에는 아는
게 없지."

"그럼 오야르사는……. 그는 소른입니까?"

"아니. 아니다, 소인. 그가 모든 나우(그는 '흐나우'를 그렇게 발음했다)
와 말라칸드라에 있는 모든 것을 다스린다고 하지 않았나."

"이 오야르사가 이해가 안 됩니다. 자세히 이야기해 주십시오."

랜섬이 말했다.

"오야르사는 죽지 않지. 또 자식을 낳지 않는다. 그는 말라칸드라가 만들어질 때 이곳을 지배하도록 말라칸드라에 들여보내졌지. 그의 몸은 우리의 몸과 달라. 네 몸과도 다르지. 보기 힘들고 빛이 몸을 통과하지."

"엘딜처럼요?"

"그렇지, 그는 한드라에 온 엘딜들 가운데 가장 위대하지."

"엘딜이 무엇입니까?"

"너희 세계에는 엘딜이 없다는 말인가, 소인?"

"내가 아는 바로는 없습니다. 그런데 엘딜이 무엇이며, 왜 나는 그들을 보지 못하는 겁니까? 그들은 몸이 없습니까?"

"물론 몸이 있지. 네가 보지 못하는 몸은 아주 많지. 모든 동물의 눈에 어떤 것들은 보이지만 다른 것들은 안 보이지. 툴칸드라에서는 여러 종류의 몸에 대해 모르나?"

랜섬은 고체, 액체, 기체라는 용어를 설명하려고 했다. 소른은 집중해서 들었다.

소른이 말했다.

"그렇게 말하면 곤란하지. 몸은 움직임이야. 몸이 어떤 속도에 있으면 뭔가 냄새를 맡을 수 있지. 다른 속도이면 어떤 소리를 듣고, 또 다른 속도이면 뭔가를 보지. 다른 속도에서는 보지도 듣지도 냄새 맡지도, 다른 식으로 몸을 알지도 못하지. 하지만 양극은 만난다는 것을 잘 알아 두라구, 소인."

"무슨 말입니까?"

"움직임이 더 빠르면, 그 움직임은 동시에 두 곳에 더 가까이 있게 되지."

"맞습니다."

"하지만 동작이 훨씬 더 빠르다면—그대가 단어를 많이 모르니까 어렵군—말하자면 점점 더 빨리 움직이면, 결국 움직이는 것은 동시에 모든 곳에 있게 된다네, 소인."

"알 것 같군요."

"모든 몸들의 절정은 바로 그거지. 즉 너무 빨라서 정지해 있게 되고, 진정한 몸이어서 몸이기를 멈추는 것이지. 하지만 그 얘기는 그만 하고 이야기하던 데로 돌아가자고, 소인. 우리 감각에 닿는 가장 빠른 것은 빛이지. 우린 정말로 빛을 보는 게 아니고, 빛이 비추는 더 느린 것들을 보는 거야. 그러니 우리에게 빛은 경계에 있지. 즉 사물이 너무 빨라지기 전에는 우리가 알 수 없는 거지. 하지만 엘딜의 몸은 빛처럼 빠른 움직임이지. 엘딜의 몸이 빛으로 만들어졌다고 할지 모르지만, 그것이 엘딜에게는 빛이 아니지. 엘딜의 '빛'은 우리가 전혀 모르는 더 빠른 움직임이지. 우리가 빛이라고 하는 것이 그에게는 물 같은 것이어서, 보고 만질 수 있고 몸을 휘감을 수도 있지. 그리고 더 빠른 것이 비추지 않을 때면 어둡기까지 하지. 우리가 단단한 물체라고 하는 것들—살과 흙—이 엘딜에게는 우리의 빛보다 얇고 보기 힘든 것으로 보이지. 구름과 비슷하고, 거의 아무것도 아닌 것이지. 우리에게 엘딜은 벽과 바위를 통과할 수 있는 얇고 반쯤 실재하는 몸이지. 엘딜 자신에게는 몸이 단단하고 굳건해서 통과하는 것이고, 벽이나 바위는 구름과 비슷하지. 그에게 하늘을 채우는 진짜 빛, 기운을 얻기 위해 태양 광선으로 뛰어들 수 있는 진짜 빛이 우리에게 는 밤하늘의 검은 허공이지. 이런 것들은 이상할 게 없네, 소인. 우리 가 감지하지 못하지만 말이지. 하지만 엘딜이 툴칸드라에 가지 않는 다는 것은 이상하군."

"그것은 확실하지 않습니다."

랜섬이 말했다.

이처럼 가끔 보이는 밝고 묘한 이들—천신 같은 이들—이 인간의 전승에 구전되는 것은 인류학자들의 설명과는 다른 이유 때문일 거 라는 생각이 들었다. 정말 그렇다면 이 사실은 우주에 대한 통념을 뒤엎을 터였다. 하지만 우주선에서의 경험 덕분에 랜섬은 그런 것에 대한 준비가 되어 있었다.

"오야르사는 왜 나를 부르는 겁니까?"

랜섬이 물었다.

"오야르사가 내게 말하지 않았네. 하지만 다른 한드라에서 온 이 방인을 만나고 싶어서 그런 거겠지."

"우리 세계에는 오야르사가 없습니다."

"그게 그대가 '조용한 별' 툴칸드라 출신이라는 또 다른 증거지."

"그게 무슨 관계가 있습니까?"

그러자 소른은 놀란 기색이었다.

"오야르사가 있다면 그가 우리 오야르사와 대화하지 않을 리가 없 지."

"당신네 오야르사와 대화한다고요? 하지만 어떻게 그럴 수가……. 수백만 마일이나 떨어져 있는데."

"오야르사는 그런 식으로 생각하지 않을 거야."

"평소 그가 다른 별에서 메시지를 받는다는 겁니까?"

"그 역시 오야르사는 그런 식으로 말하지 않을 거야. 오야르사는 '난 말라칸드라에 살고' 누구는 다른 별에 산다고 말하지 않겠지. 그에게 말라칸드라는 하늘 한 곳에 불과하지. 그와 다른 오야르사들이 사는 곳이 이 하늘이지. 물론 그들은 서로 이야기를 나누지……."

랜섬의 마음에서 이 문제가 스르르 빠져나갔다. 졸음이 쏟아지자 그는 자신이 소른의 말을 오해하고 있다고 생각했다.

그가 말했다.

"자야겠습니다, 오그레이. 또 당신이 무슨 말을 하는지 모르겠어요. 어쩌면 나는 당신이 툴칸드라라고 부르는 곳에서 온 게 아닐 겁니다."

"당장은 우리 둘 다 자야겠군. 하지만 먼저 그대에게 툴칸드라를 보여 주지."

소른은 일어났다. 랜섬이 그를 따라 동굴 뒤쪽으로 들어갔다. 깊숙한 곳에 구불구불한 계단이 있었다. 계단은 소른들에게 맞게 만들어져 인간이 오르기에는 불편했지만, 랜섬은 무릎을 대고 기어올라 갔다. 소른이 앞장섰다. 랜섬은 소른이 손에 든 작고 둥근 물체에서 나오는 것 같은 빛이 뭔지 알 수 없었다. 그들은 긴 길을 올라갔는데, 마치 텅 빈 산속을 오르는 것 같았다. 마침내 숨을 헐떡이며 보니, 어둡지만 따뜻한 바위로 된 방에 들어와 있었다. 소른의 말소리가 들렸다.

"아직도 남쪽 지평선 위에 걸려 있군."

소른은 랜섬에게 작은 창 같은 것을 보게 했다. 그게 뭔지 몰라도 지구의 망원경처럼 작동하는 것 같지는 않다고 랜섬은 생각했다. 다음 날 소른에게 망원경의 원리를 설명하려다가 차이점을 밝힐 능력이 부족하다는 것이 밝혀지기는 했지만. 랜섬은 창문턱에 팔꿈치를 대고 몸을 숙여 내다보았다. 칠흑 같은 어둠 속, 팔 길이쯤 되는 거리에 동전만 한 밝은 원반이 떠 있었다. 원반 표면은 단조로웠고 은색으로 빛났다. 바닥에 흔적이 드러났고, 그 밑으로 흰 관이 있었다. 천문 사진에서 보는 화성의 극관極冠과 비슷했다. 한순간 그가 화성을 보고 있다는 생각이 들었다. 그때 흔적들이 더 자세히 보였고, 그는 그것들이 무엇인지 알아보았다. 바로 북유럽이었다. 북미의 일부도 보였다. 북극이 바닥에 위치하여 그림이 뒤집어진 모양이어서, 어쩐지 랜섬에게는 충격적이었다. 하지만 그가 보는 것은 지구였다. 어쩌면 영국이었다. 그림이 약간 떨렸고 눈이 피로해서 이것이 상상이 아니라고 확신할 수 없긴 했지만, 거기 작은 원반 안에 다 들어 있었다. 런던, 아테네, 예루살렘, 셰익스피어. 거기서 모든 사람들이 살았고, 모든 일들이 벌어졌다. 또 거기 스터크 근처 빈집 현관 앞에 그의 배낭이 아직 뒹굴고 있겠지.

"그렇군요, 저기가 내가 사는 세계입니다."

랜섬이 소른에게 맥없이 말했다. 그의 여행에서 가장 막막한 순간이었다.

16

다음 날 아침 눈을 떴을 때 랜섬은 마음이 가뿐해진 것을 어렴풋이 느꼈다. 그제야 소른의 손님이라는 사실이 기억났다. 이곳에 온 후로 피했던 소른은 알고 보니 흐로스들만큼이나 친절했다. 물론 흐로스들처럼 애정이 느껴지지는 않았지만. 이제 말라칸드라에서 두려운 것은 오야르사뿐이었다……. 랜섬은 속으로 중얼댔다. '마지막 장애물이군.'

오그레이가 음식을 주었다.

랜섬이 말했다.

"이제 어떻게 오야르사를 찾아가야 합니까?"

소른이 대답했다.

"내가 데려다주지. 그대는 그 길을 혼자 가기에는 체구가 너무 작고, 나도 멜딜로른에 가 보고 싶으니까. 흐로스들이 그대를 이쪽 길

로 보내는 게 아니었는데. 흐로스들은 동물을 보고도 어떤 폐를 가졌
으며 그 폐로 뭘 할 수 있는지 모른다니까. 흐로스답지. 그대가 하란
드라에서 죽었다면, 그들은 명랑한 힌간에 대한 시를 지었을 테지.
'하늘이 검게 변하고 차가운 별이 빛났으며, 그는 계속 걷고 또 걸었
다'라고. 그들은 그대가 죽어 가면서 말하는 멋진 구절도 넣었을
걸⋯⋯. 이 모든 게 흐로스들에게는 선견지명을 갖고 그대를 더 수월
한 길로 돌아가게 해서 생명을 구한 듯이 여겨질 테지."

"나는 흐로스들을 좋아합니다. 또 그들의 죽음에 대한 관점이 옳
다고 생각합니다."

랜섬이 약간 뻣뻣하게 말했다.

"그들이 죽음을 두려워하지 않는 것은 옳아, 렌서엄. 하지만 그들
은 죽음을 몸의 특성의 일부로서 이성적으로 보지 않는 것 같아. 그
래서 피할 수 있는 경우에도 그들은 죽음을 피할 방법을 모르지. 예
컨대 이걸로 여러 흐로스의 목숨을 구했지만 그들은 이런 생각은 해
보지도 않았겠지."

오그레이는 랜섬에게 튜브 달린 병을 보여 주었다. 튜브 끝에 달린
컵은 산소를 공급하는 장치임이 분명했다.

소른이 말했다.

"필요하면 냄새를 맡으라고, 소인. 필요 없을 때는 닫아 두고."

오그레이가 기구를 등에 매 주고, 튜브를 어깨 너머로 넘겨 손에
쥐어 주었다. 랜섬은 소른의 손이 몸에 닿자 떨지 않을 수 없었다. 손
은 부채 모양으로 손가락이 일곱 개였다. 새 다리처럼 뼈에 가죽만

덮여 있고 몹시 찼다. 랜섬은 이런 반응에서 관심을 다른 데로 돌리려고 기구를 어디서 만드느냐고 물었다. 지금껏 공장이나 실험실 같은 곳은 본 적이 없기 때문이었다.

소른이 대답했다.

"우리가 기구를 생각해 냈고, 피플트리기가 만들었지."

"왜 그들이 기구를 만듭니까?"

랜섬은 말라칸드라의 정치적, 경제적인 틀을 불충분한 어휘로 파악하려고 노력했다.

"그들은 물건 만드는 걸 좋아하니까. 사실 그들은 보기에만 좋지 쓸모는 없는 것들을 만드는 걸 가장 좋아하지. 하지만 가끔 그런 걸 만드는 데 싫증이 나면 우리를 위해 물건을 만들어 주지. 우리가 생각한 물건이 만들기에 충분히 어려우면 말이야. 아무리 쓸모가 있어도 쉬운 물건을 만들 참을성은 없는 이들이지. 그런데 우리 길을 떠나자구. 내 어깨에 앉으면 돼."

예상치 못한 놀라운 제안이었지만, 소른이 벌써 쭈그려 앉은 걸 보자 랜섬은 깃털이 난 듯한 어깨로 순순히 올라갔다. 길고 창백한 소른의 얼굴 옆에 앉아, 오른팔을 최대한 뻗어서 커다란 목을 감쌌다. 길을 가기에 불안정한 자세지만 최대한 편안히 자세를 취했다. 거인 같은 소른이 조심스럽게 일어나 선 자세를 취하자, 랜섬은 5미터를 훌쩍 넘는 높이에서 풍경을 내려다보게 되었다.

"괜찮은가, 소인?"

오그레이가 물었다.

"좋습니다."

랜섬이 대답했다. 여행이 시작되었다.

소른의 걸음걸이는 인간과는 전혀 달랐다. 발을 아주 높이 들었다가 살포시 내려놓았다. 랜섬은 살금살금 걷는 고양이나 날개를 펴고 걷는 거위를 연상했다. 마차를 끄는 말이 성큼성큼 달리는 것 같기도 했지만, 움직임이 지구의 동물과는 달랐다. 어깨에 탄 랜섬은 놀랍도록 편안했다. 몇 분 후에는 현기증이나 부자연스러운 자세 따위는 싹 잊었다. 대신 재미나고 뭉클한 기억들이 밀려왔다. 어릴 적 동물원에서 코끼리를 타는 기분이었다. 더 어릴 때 아버지가 무등을 태워 주던 것 같기도 했다. 재미있었다. 그들은 시속 10킬로미터 정도로 가는 것 같았다. 추위가 심했지만 견딜 만했고, 산소 덕분에 랜섬은 호흡에 곤란을 겪지 않았다.

흔들리는 높은 곳에서 보이는 풍경은 장엄했다. 한드라미트는 어디에도 보이지 않았다. 그들이 지나는 얕은 계곡의 양쪽으로 살짝 초록빛이 도는 헐벗은 바위들이 지평선까지 펼쳐지고, 간간이 빨간 지역이 넓게 분포되어 있었다. 바위가 만나는 검푸른 하늘은 정점에서는 거의 검은빛이었고, 햇빛이 시야를 가리지 않는 곳에서는 별들을 볼 수 있었다. 랜섬은 호흡할 수 있는 한계선에 가까이 있다는 짐작이 옳았음을 소른에게 들었다. 하란드라와 한드라미트의 벽들의 경계나 그들이 가는 좁은 길은 히말라야처럼 공기가 희박해서 흐로스도 호흡이 힘들었다. 따라서 이 행성의 진짜 표면이라고 할 수 있는, 기십 미터 더 높은 하란드라에는 생명체가 살지 못했다. 그러니 그들이 걸을 때의 환한 빛은 하늘의 빛이었다. 대기의 막으로 가려지지 않는 천상의 빛이었다.

랜섬을 어깨에 얹은 소른의 그림자가 울퉁불퉁한 바위 위에서 움직였다. 자동차 전조등 앞의 나무 그림자처럼, 그 그림자는 이상스레 눈에 도드라졌다. 또 그림자 뒤편의 바위 때문에 눈이 아팠다. 먼 지평선이 팔을 뻗으면 닿을 것 같았다. 먼 비탈길에 난 틈새와 흙이 원근법을 알기 전의 원시 시대 그림의 배경처럼 또렷해 보였다.

랜섬은 우주선에서 파악한 하늘의 변경에 있었고, 대기와 관련된 어휘로는 표현할 수 없는 광선이 다시 몸에 쏟아졌다. 예전처럼 마음이 가벼워지고 엄숙함이 밀려들었다. 분별력과 희열이 느껴지고, 예상치 못한 엄청나게 풍성한 생명력과 힘이 솟았다. 폐 속에 공기가 충분히 있었다면 한바탕 웃었을 터였다. 이제 앞에 펼쳐진 풍경에서도 아름다움이 드러났다. 계곡 끝 너머로, 정말 하란드라에서 흘러내리기라도 한 것처럼 장밋빛을 띤 큰 곡선들이 펼쳐졌다. 멀리서 자주 보던 풍경이었다. 더 가까이서 보니 돌처럼 단단한 듯했지만 위쪽은 부풀고 아래쪽은 식물처럼 줄기가 있었다. 거대한 콜리플라워와 비슷하다는 짐작은 놀랄 만치 맞아떨어졌다. 돌 콜리플라워들은 성당만 했고 연한 장밋빛이었다. 랜섬은 소른에게 그게 뭔지 물었다.

오그레이가 대답했다.

"말라칸드라의 옛날 숲이지. 한때는 하란드라에 공기가 있고 따뜻했지. 저기 올라가서 살 수 있으면, 온통 옛 생물들의 뼈로 뒤덮여 있는 것을 오늘날에도 볼 수 있지. 한때는 생물이 넘쳐 났고 시끌벅적

했지. 그러다가 이 숲들이 자랐고, 줄기 사이로 한 종족이 드나들다가 수천 년 전에 세상에서 사라졌지. 그들의 몸은 털이 아니라 나처럼 가죽으로 덮여 있었지. 그들은 물속에서 헤엄치거나 땅 위에서 걷지 않았어. 노래를 잘하는 종족이었다고 하고, 그 시절에는 붉은 숲에 그들의 노래가 메아리쳤다더군. 이제 숲들은 돌이 되었고, 엘딜들만이 그 사이로 들어갈 수 있지."

"우리 세계에는 아직도 그런 생물이 있습니다. '새'라고 부르죠. 하란드라에 그런 일이 벌어졌을 때 오야르사는 어디 있었습니까?"

"지금 있는 곳에."

"그러면 그가 그렇게 되는 것을 막지 못했나요?"

"나는 몰라. 하지만 세상은 영원히 계속되게 생기지 않았지. 한 종족이야 당연히 그렇고. 그건 말렐딜의 방식이 아니거든."

그들이 나아가자 돌이 된 숲들은 점점 많아졌고, 종종 반 시간쯤 계속 이어지기도 했다. 지평선 전체에 생명체가 없고 공기도 거의 없었다. 쓰레기가 된 것들이 한여름의 영국 정원처럼 발그레할 뿐이었다. 그들은 여러 동굴을 지났다. 오그레이는 랜섬에게 거기 소른들이 산다고 말해 주었다. 가끔 깎아지른 절벽 꼭대기까지 수많은 구멍이 뚫려 있고, 안에서는 알아들을 수 없는 시끄러운 소리가 났다. 오그레이는 '일'을 하는 중이라고 했지만, 랜섬은 어떤 종류의 일인지 알아들을 수 없었다. 소른의 어휘는 흐로스들의 어휘와는 아주 달랐다. 어디서도 소른들의 마을이나 도시 같은 것은 보이지 않았다. 소른들은 사회성이 있는 생물이 아니라 고독하게 사는 것 같았다. 한두 번쯤 얼굴이 갸름하고 창백한 소른이 동굴 입구에 나와서 뿔나팔 소리 같은 인사말을 건넸다. 하지만 긴 계곡의 대부분은 말없는 사람들이 사는 바위 거리 같아서 하란드라 만큼이나 조용하고 썰렁했다.

오후가 되어 내리막길에 접어들 무렵에야 그들은 맞은편 비탈길에서 그들에게 다가오는 소른 셋을 만났다. 랜섬이 보기에 그들은 걷는다기보다는 스케이트를 타는 것 같았다. 지구에서보다 몸이 가벼운 곳인데다 완벽한 균형 감각 덕분에 경사면에서도 적당한 각도로 몸을 숙일 수 있었다. 그들은 순풍에 나아가는 범선처럼 민첩하게 내려왔다. 우아한 몸놀림과 큰 키, 깃털 같은 옆구리에 비치는 부드러운 햇살에 랜섬은 소른을 다른 눈으로 보게 되었다. 웨스턴과 드바인의 손아귀에 잡혀 버둥대며 처음 그들을 보았을 때는 '도깨비'라고 불렀다. 이제는 '거인'이나 '천사'가 더 어울리는 말이라는 생각이 들었다. 그들의 얼굴까지도 예전에는 제대로 못 본 것 같았다. 그들이 위엄이 있는데도 전에는 괴기스럽다고 생각했다. 길쭉하고 수수한 몸매와 대단히 침착한 표정을 보고 랜섬이 처음 보인 반응은 겁쟁이라기보다는 상스러웠던 것 같았다. 런던 토박이 학생의 눈에 파르메니데스(고대 그리스의 철학자—옮긴이)나 공자가 그렇게 보이겠지! 크고 흰 생물체들은 랜섬과 오그레이를 향해 오다가, 나무처럼 몸을 굽히며 지나쳤다.

추웠지만—랜섬은 추위 때문에 가끔 내려서 한동안 걸었다—여행이 끝나기를 바라지는 않았다. 하지만 오그레이는 나름대로 계획이 있어서, 해가 지기 오래 전에 늙은 소른의 집에서 하루 일정을 끝냈다. 랜섬은 오그레이가 자신을 훌륭한 과학자에게 데려왔다는 것을 알아차렸다. 동굴, 아니, 더 정확히 말하면 구조적으로 잘 만든 굴에는 여러 개의 넓은 방이 있었다. 거기에는 랜섬이 모르는 다양한 것들이 있었다. 그는 유독 가죽으로 된 두루마리들에 관심이 생겼다. 글자로 덮인 것을 보면 책이 분명했다. 하지만 말라칸드라에는 책이 없을 것 같았다.

소른들이 말했다.

"기억하는 편이 더 낫지."

그러면 소중한 비밀을 잃지 않느냐고 랜섬이 묻자, 그들은 오야르사가 늘 기억하다가 적당하다고 생각하면 떠오르게 해 준다고 대답했다.

그들이 덧붙였다.

"흐로스들은 시에 대한 책이 많았지. 하지만 지금은 별로 없지. 책으로 쓰면 시를 망친다고 그들은 말하지."

소른 여럿이 동굴 주인의 시중을 들었다. 어찌 보면 소른들이 주인을 받들어 모시는 것 같았다. 랜섬은 처음에는 그들을 하인으로 짐작했지만, 나중에는 제자나 조수일 거라고 결론지었다.

저녁 나절의 대화는 지구의 독자에게는 그다지 흥미롭지 않을 것이다. 소른들이 랜섬에게 질문할 틈을 주지 않고 대답하게 하기로 작정했기 때문이다. 그들의 질문은 두서없고 상상력이 넘치는 흐로스들의 질문과는 아주 달랐다. 소른들은 지구의 지질학부터 현재의 지형, 그에 따른 동식물 서식지와 인간의 역사, 언어, 정치, 예술에 대해 체계적으로 질문해 나갔다. 랜섬이 어떤 주제에 대해 더 이상 대답하지 못하면—대부분의 분야에서 이런 상황은 자주 일어났다—소른들은 당장 그 이야기를 접고 다음 질문으로 넘어갔다. 그들은 랜섬이 안다고 믿었던 것보다 훨씬 많은 지식을 간접적으로 끌어내는 경우도 많았다. 일반적인 과학을 폭넓게 배경 삼아서 그러는 것 같았다. 랜섬이 종이의 원료를 설명하면서 슬쩍 나무에 대해 말하자, 소른들은 그가 식물에 대해 얼핏 설명했을 때 부족했던 부분까지 파악했다. 랜섬이 지구의 항해술에 대해 말하자 그들은 광물학까지 파악했고, 증기 기관에 대해 설명하자 그들은 랜섬보다도 지구의 공기와 물에 대해 더 잘 알게 되었다. 그는 애당초 솔직하기로 마음먹었다. 그러는 게 바람직할 것 같았고, 거짓으로 답해 봤자 소용없는 짓일 터였다. 랜섬이 전쟁, 노예제도, 매춘 같은 인간 역사에 대해 말하자 소른들은 놀랐다.

"지구에 오야르사가 없어서 그런 게지."

한 제자가 말했다.

"인간 모두가 작은 오야르사가 되고 싶어 해서 그런 게야."

오그레이가 말했다.

그러자 늙은 소른이 말했다.

"그들은 어쩔 수 없어. 틀림없이 규칙이 있겠지만, 어떻게 피조물이 스스로 다스릴 수 있겠나? 짐승들은 흐나우에게, 흐나우는 엘딜들에게, 엘딜들은 말렐딜에게 다스림을 받아야 하지. 인간들에게는 엘딜들이 없어. 그들은 자기 털을 붙잡고 날려는 자와 같지. 혹은 평편한 곳에 있으면서 온 지역을 보려는 자와 같아. 혼자서 새끼를 배려는 여자와도 같고."

소른들의 머릿속에는 지구에 대해 특히 두 가지가 각인되었다. 하나는 사물을 들어올려 나르는 데 엄청난 에너지가 필요하다는 사실이었다. 다른 하나는 지구에 한 종의 흐나우만 있다는 점이었다. 소른들은 그것이 인간들의 공감대가 좁아지고 똑같은 생각을 하는 데 큰 영향을 미친다고 믿었다.

늙은 소른이 말했다.

"그대들의 생각은 피에 좌우되겠군. 그대들은 자기 생각을 다른 피에 떠다니는 생각과 비교할 수 없으니 말이지."

랜섬에게는 힘겹고 몹시 불편한 대화였다. 하지만 마침내 자려고 눕자, 마음에 걸리는 것은 인간이 발가벗겨진 것이나 그의 무지함이 아니었다. 말라칸드라의 오래 된 숲들이 떠오를 뿐이었다. 한때 생물이 살았고 지금은 다다를 수 없는, 저만치 떨어진 땅을 보며 자라는 느낌이 어떨지 궁금했다.

17

다음 날 일찍 랜섬은 다시 오그레이의 어깨에 앉았다. 그들은 한 시간 넘도록 계속 환한 황량한 곳을 지나갔다. 북쪽 하늘에서 칙칙한 붉은 빛 혹은 황토 빛의 구름 같은 덩어리가 빛났다. 덩어리는 아주 컸고, 황무지 위쪽 15킬로미터쯤에서 서쪽으로 내달렸다. 말라칸드라의 하늘에서 구름을 본 적이 없는 랜섬은 그게 뭐냐고 물었다. 오그레이는 무시무시한 바람 때문에 드넓은 북쪽 사막에서 생긴 모래라고 대답했다. 그런 모래바람이 자주 불었고, 때로 27~28킬로미터 높이에서 불다가 앞을 가리는 숨 막히는 폭풍이 되어 한드라미트를 급습했다. 휑한 하늘에서 구름이 무시무시하게 움직이는 광경을 보면서, 랜섬은 말라칸드라의 오지에 있음을 실감했다. 이제는 어떤 세상에서 사는 게 아니라, 이상한 행성의 표면을 기어 다니고 있었다. 마침내 구름이 떨어지는 것 같더니 서쪽 지평선 위에서 터졌다. 대화

재와 다르지 않은 광경이 계속 보이다가 계곡의 굽이를 돌면서 시야에서 사라졌다.

바로 그 굽이에서 새로운 풍경이 펼쳐졌다. 처음에는 바로 앞에 나타난 풍경이 이상하게도 지구와 비슷했다. 잿빛이 도는 고지대의 봉우리가 파도처럼 오르락내리락하는 풍경이었다. 멀리 뒤쪽으로 절벽과 낯익은 초록색 바위 봉우리가 짙푸른 하늘로 솟아 있었다. 잠시후 랜섬은 고지대로 생각했던 것이 실은 청회색 계곡 안개가 위아래로 깔린 것의 표면이라는 것을 알았다. 그들이 한드라미트로 내려올 때는 안개가 안개로 보이지 않았다. 내리막길에 접어들자 안개는 거의 보이지 않았고, 여러 색의 땅 무늬가 뿌옇게 보일 뿐이었다. 내리막 경사가 급격히 가팔라졌고, 계곡 끄트머리 위로 거인의 울퉁불퉁한 이빨 혹은 이빨이 흉하게 생긴 거인같은 봉우리들이 나타났다. 그들은 이 봉우리들을 지나야 했다. 하늘의 모양새와 빛의 성질이 살짝 변했다. 잠시 후 그들은 지구의 기준으로는 절벽이라 할 만한 경사면의 끝에 서 있었다. 이 벽면을 따라 쭉 아래로 내려가면 절벽은 보랏빛 식물 사이로 사라지고 길이 나 있었다. 랜섬은 소른의 어깨에서 내리지 않겠다고 버텼다. 오그레이는 그가 거부하는 것을 알아듣지 못하고, 어깨에서 내릴 수 있게 몸을 굽혔다. 그러더니 스케이트를 타듯 내리막길을 쭉쭉 내려갔다. 랜섬은 감각이 없는 다리를 뻣뻣하게 움직이며 뒤따라갔다.

랜섬은 바로 앞에 펼쳐진 새 한드라미트의 아름다움에 숨이 막혔다. 지금껏 지냈던 땅보다 넓었고, 바로 밑에 둥근 호수가 있었다. 사

153

파이어 빛깔의 호수는 지름이 20킬로미터쯤 되고, 가장자리에 보랏빛 수풀이 있었다. 호수 중앙에 낮고 경사가 완만한 피라밋 혹은 여인의 가슴처럼 생긴 섬이 있었다. 꼭대기까지 불그레한 기운이 감돌았는데, 지구에서는 본 적이 없는 나무 수풀이었다. 나무 기둥은 기품 있는 자작나무처럼 완만하게 솟았지만, 교회의 첨탑보다 높았다. 꼭대기에는 나뭇잎이 아니라 꽃이 달려 있었다. 금빛 꽃은 튤립처럼 화사했지만 바위처럼 움직이지 않았고 한여름의 구름만큼 큼직했다. 그것들은 분명 나무가 아닌 꽃이었다. 그 한참 아래쪽으로 석판 같은 건축물 모양새가 보였다. 그는 소른이 말해 주기 전에 이것이 멜딜로른이라는 것을 알았다. 랜섬은 자신이 어떤 것을 기대했는지 몰랐다. 미국의 복잡한 사무실이나 기계가 많은 엔지니어들의 천국 이상일 거라는 예전의 상상은 저만치 미뤄 둔 지 오래였다. 하지만 이 화사한 수풀처럼 고전적이고 순박할 줄은 몰랐다. 수풀은 화려한 계곡 속에 정말로 고요히 은밀하게 펼쳐졌고, 겨울 햇살을 뚫고 아주 우아한 자태로 수십 미터나 솟아 있었다. 아래로 걸음을 옮길 때마다 계곡의 따스함이 더 기분 좋게 다가왔다. 랜섬이 위를 보니 하늘이 파르스름하게 변하고 있었다. 아래를 보니 거대한 꽃들에서 달콤한 향기가 희미하게 다가왔다. 멀리 바위산은 윤곽선이 점점 부드러워지고 표면은 덜 화려해졌다. 깊고 우중충하고 부드러운 풍경이 다시 시작되었다. 그들이 내려오기 시작한 바위의 입이랄까, 가장자리는 이미 머리 위에 있었다. 정말로 거기서 온 것 같지도 않았다. 랜섬은 맘껏 숨을 쉬었다. 오래 전부터 감각이 무뎌진 발가락이 신발 속에서 편안하게 움직여졌다. 모자의 귀 덮는 부분을 올리니, 갑자기 물 쏟아지는 소리가 들렸다. 이제 그는 평편한 땅 위의 부드러운 풀을 밟고 있었고, 수풀 지붕이 머리 위에 있었다. 이제 그들은 하란드라를 정복하고 멜딜로른의 문턱을 넘어선 것이다.

　잠깐 걸으니 숲 속 경주로 같은 길이 나타났다. 보랏빛 줄기 사이로 넓은 길이 화살처럼 쭉 뻗었고, 그 끝에는 파란 호수가 있었다. 그들은 돌기둥에 매달린 징과 망치를 찾아냈다. 장식이 아주 요란했다. 징과 망치는 랜섬이 처음 보는 청록색 쇠붙이로 만들어졌다. 오그레이가 징을 쳤다. 랜섬은 흥분되어, 생각만큼 차분하게 돌 장식을 살필 수 없었다. 장식의 일부는 그림이고, 일부는 순수한 꾸밈이었다. 빽빽한 공간과 여백 있는 공간의 균형감이 가장 눈에 띄었다. 지구에 있는 선사시대의 사슴 그림처럼 단조로운 선들이 보이더니, 북구나 켈트 족의 보석처럼 촘촘하고 섬세한 디자인 문양들이 이어졌다. 문양을 보고 있자니, 여백과 문양이 빽빽한 부분들이 하나가 되면서 큰 디자인이 드러났다. 랜섬은 그림이 여백 있는 공간에만 있는 게 아님을 알아차렸다. 큰 덩굴무늬에 섬세한 그림들이 들어 있는 경우가 많았다. 다른 곳의 그림은 아주 딴판이었다. 그렇지만 이 부분들도 리듬감이나 반복되는 요소가 있었다. 양식화되어 있긴 해도 그림들이 한 편의 이야기를 보여 주기 위해 구성되었다는 것을 랜섬이 알아차린 순간, 오그레이가 불렀다. 멜딜로른 해변에서 배가 나왔다.

　배가 다가왔을 때, 노를 젓는 것이 흐로스임을 알고 랜섬은 마음이 훈훈해졌다. 흐로스는 그들이 기다리는 해안에 배를 대고, 랜섬을 빤히 보더니 뭔가 묻는 듯한 눈빛으로 오그레이를 쳐다보았다.

소른이 말했다.

"이 나우가 궁금하겠구료, 흐린하. 이렇게 생긴 이는 본 적이 없을 테니 말이오. 렌서엄이라는 이로, 툴칸드라에서 하늘을 지나왔다오."

흐로스가 예의바르게 말했다.

"반갑습니다, 오그레이. 이 자가 오야르사께 가는 거요?"

"그가 부르러 보냈소."

"그대도 마찬가지요, 오그레이?"

"오야르사는 나를 부르지 않았소. 그대가 렌서엄을 데리고 물을 건넌다면, 나는 내 탑으로 돌아가겠소."

흐로스는 랜섬에게 배에 타라는 몸짓을 했다. 랜섬은 오그레이에게 고마운 마음을 표하고, 잠시 생각하더니 손목시계를 풀어서 내밀었다. 그가 가진 것 가운데 소른에게 적당한 선물은 시계밖에 없었다. 어렵지 않게 오그레이에게 그의 생각을 이해시킬 수 있었지만, 랜섬의 설명이 끝나자 그는 약간 마지못해하며 시계를 돌려주었다.

오그레이가 말했다.

"이 선물은 피플트리그에게 주어야겠네. 내 마음에 들지만, 그들이 이걸 더 잘 이용할 테니까. 멜딜로른에 가면 분주한 이들을 만날 테니 그들에게 주게. 그대의 세계에서는 이걸 보지 않고는 하루가 얼마나 지났는지 알지 못하지?"

"그런 것을 아는 동물들이 있다고 믿지만, 우리 흐나우는 그걸 잃어버렸지요."

랜섬이 말했다.

그 후 그는 소른과 작별 인사를 하고 배에 올라탔다. 다시 흐로스와 배에 타고 물의 따스한 기운을 얼굴에 느끼며 파란 하늘을 보자 집에 돌아온 것 같았다. 그는 모자를 벗고 느긋하게 뱃전에 몸을 기댄 채, 안내자와 질문을 주고받았다. 배 젓는 흐로스에게 들은 바를 정리하면, 흐로스들은 오야르사를 섬기는 데 특별히 신경을 쓰지 않았다. 흐나우 세 종족이 각기 주어진 능력껏 오야르사를 받들었고, 배는 당연히 배를 잘 아는 이들에게 맡겨졌다. 랜섬은 멜딜로른에 도착하면 오야르사가 부를 때까지 마음대로 다니면서 하고 싶은 일을 해도 된다는 것을 알았다. 부름을 받기까지 한 시간이 될 수도, 며칠 걸릴 수도 있었다. 배를 내리는 곳 근처에 오두막집들이 있으니, 필요하면 거기서 쉬고 먹을 것도 얻을 거라고 했다. 보답으로 그는 지구와 이곳으로의 여행에 대해 최선을 다해 알아듣도록 이야기했다. 또 위험하고 나쁜 흐로스들이 그를 끌고 왔으며, 아직도 말라칸드라에 있다고 말했다. 그 이야기를 하자니, 이것을 오그레이에게 확실하게 말하지 않은 것이 생각났다. 하지만 웨스턴과 드바인이 이미 소른들과 연관이 있는 것 같았고, 체구가 크고 비교적 인간 같은 소른들에게 무슨 짓을 저지르진 않을 거라며 자신을 안심시켰다. 아무튼 아직까지는 그랬다. 드바인의 궁극적인 목적에 대해서는 랜섬도 감을 잡을 수 없었다. 그가 할 수 있는 일은 오야르사에게 털어놓는 것뿐이었다. 이제 배가 육지에 닿았다.

랜섬이 일어나자 흐로스는 배를 매면서 주위를 두리번거렸다. 그들이 들어온 작은 선창가 부근과 왼쪽으로 말라칸드라에서 처음 보는 것 같은 낮은 돌 건물들이 있고 불이 피워져 있었다. 흐로스는 랜섬에게 거기서 먹을 것과 쉴 곳을 구할 수 있다고 했다. 그 외에 섬은 황량했고, 완만한 비탈길은 꼭대기를 덮은 숲까지 썰렁했다. 그곳에 다시 돌 구조물이 보였다. 하지만 그것은 인간의 기준으로 볼 때 사원도 집도 아니고, 암석 기둥들이 서 있는 넓은 길이었다. 위풍당당하고 텅 빈 커다란 스톤헨지가 언덕 꼭대기 너머로 꽃나무 그늘에 가려 사라졌다. 사방이 쓸쓸했다. 하지만 자세히 보니, 아침의 고요 속에 은방울 굴리는 듯한 소리가 희미하게 계속 들렸다. 잘 들으면 소리가 아니었지만 그냥 무시할 수 없었다.

"섬에는 엘딜이 넘쳐 나서 그렇소."

흐로스가 조용히 말했다.

그는 해안으로 갔다. 흐로스는 장애물에 대비하는 것처럼 머뭇거리며 몇 걸음 옮기다가 멈추고, 다시 그렇게 나아갔다.

바닥의 풀이 유난히 보드랍고 푹신해서 발소리가 나지 않았지만, 랜섬은 발끝으로 걷고 싶은 충동을 느꼈다. 그의 움직임은 차분하고 침착했다. 섬 주변의 강폭이 넓어서 말라칸드라의 어느 곳보다 공기가 따뜻했다. 9월말 영국의 따스한 날 같았지만 언제라도 서리가 내릴 듯한 날씨였다. 랜섬은 점점 경외감에 휩싸여, 언덕 끝의 수풀을 지나 돌들이 세워진 길로 다가갈 수 없었다.

랜섬은 언덕을 오르다가 중간에서 멈추고, 해안과 일정한 거리를 유지하며 오른쪽으로 걷기 시작했다. 섬을 구경하자고 중얼댔지만,

오히려 섬이 그를 구경하는 느낌이 들었다. 한 시간쯤 걸은 뒤 발견한 것 때문에 이런 느낌은 더 강해졌고, 나중에도 그것을 자세히 설명하기는 힘들었다. 대충 말하면, 섬 표면이 다양한 빛과 그림자에 따라 달라지는데 그것이 하늘의 변화 때문은 아니라고 할 수 있었다. 대기가 잠잠하고 풀이 워낙 짧고 단단해서 바람에 움직이지 않아 그렇지, 그렇지 않았다면 랜섬은 바람의 장난이라고 했을 터였다. 지구의 옥수수 밭 그늘 속에서 약간의 변화가 일어나는 광경과 비슷했다. 공중에서 나는 은방울 소리처럼 이 빛의 발자국들도 눈길을 피해 갔다. 랜섬이 찬찬히 쳐다보면 아무것도 보이지 않았다. 시선이 미치는 곳 끝 쪽에서 빛들이 복잡한 대형을 이루기라도 한 듯 몰려들고 있었다. 빛 하나에 집중하면 보이지 않았고, 그의 눈길이 닿기 무섭게 그 자리에서 광채가 사라지는 것 같았다. 랜섬은 그가 엘딜들을 '보고 있다'고 믿었다. 바로 그게 보는 것일 터였다. 그런 감각이 호기심을 일으켰다. 꼭 섬뜩하다고 할 수는 없었다. 유령들에게 에워싸인 듯한 것도 아니었다. 엘딜라가 그를 훔쳐보는 것 같지 않고, 오히려 볼 권리가 있는 존재들이 그를 당당히 바라보는 것 같았다. 랜섬이 느끼는 감정은 두려움이 아니었다. 거기에는 난감함, 수줍음, 순종 같은 게 있었다. 그것은 몹시 불편한 느낌이었다.

　랜섬은 피곤했다. 그는 이곳이 야외에서 쉬어도 될 만큼 따뜻할 거라는 생각이 들었다. 바닥에 앉자 부드러운 풀과 온기와 섬 전체에 퍼진 향기에 여름의 지구와 정원이 떠올랐다. 잠시 눈을 감았다가 다시 뜨니 앞에 있는 건물들이 시야에 들어왔다. 호수 저편에서 다가오는 배가 보였다. 갑자기 확 떠오르는 게 있었다. 그것은 나룻배였고, 이 건물들은 선창가 근처의 숙소였다. 그렇다면 그는 섬을 한 바퀴 돈 것이었다. 문득 실망감이 밀려왔다. 배가 고프기 시작했다. 내려가서 먹을 것을 청하는 것도 좋을 듯했다. 아무튼 그러면 시간이 지날 터였다.

하지만 랜섬은 그러지 않았다. 자리에서 일어나 숙소를 찬찬히 살피다가, 주변에서 생물들이 움직이는 기미를 보았다. 지켜보니 배에 잔뜩 타고 온 이들이 나룻배에서 내리고 있었다. 호수에서 움직이는 물체가 보였다. 처음에는 못 알아보았는데, 물에 들어간 소른들이었다. 그들은 육지에서 물을 건너 멜딜로른으로 오는 중이었다. 열 명쯤 되었다. 이런저런 이유로 섬은 밀려드는 방문객들을 받아들이고 있었다. 랜섬은 내려가서 무리에 섞여도 아무 해가 없을 거라고 짐작했지만, 내키지 않았다. 이런 상황을 보자, 학교에 입학한 경험이 생생하게 되살아났다. 하루 일찍 학교에 도착한 신입생들이 어슬렁대며 선배들의 도착을 지켜보는 것과 비슷했다. 결국 그는 내려가지 않기로 했다. 풀을 뜯어서 먹고 잠시 눈을 붙였다.

오후가 되어 점점 추워지자, 랜섬은 걷기 시작했다. 이즈음 다른 흐나우들은 섬 주위를 몰려다녔다. 주로 소른들이 눈에 띄었지만, 그것은 그들이 유독 키가 크기 때문이었다. 아무 소리도 나지 않았다. 해안가에만 머무는 듯한 이 방랑자들과 마주치기 싫어서, 랜섬은 일부러 섬 위쪽의 안쪽으로 갔다. 마침내 수풀가에 이르니 돌로 된 대로가 보였다. 꼭 집어 말할 수 없는 이유로 그는 그 안으로 들어서지 않기로 했지만, 가장 가까이 있는 돌을 꼼꼼히 살폈다. 사면에 조각이 많이 된 돌을 보자 호기심이 생겨, 이 돌 저 돌 살펴보게 되었다.

돌에 그려진 그림들은 아주 묘했다. 소른들과 흐로스들 그리고 피플트리그들로 보이는 것들 옆으로, 직립한 형상들이 흔들리는 모습이 거듭 나타났다. 얼굴 같은 것과 날개만 달려 있었다. 분명히 날개였다. 랜섬은 몹시 당황했다. 말라칸드라의 미술 전통이, 오그레이가 말한 하란드라에 새를 비롯하여 생명체가 살던 지질학적·생물학적 시기까지 올라갈 수도 있을까? 돌들이 주는 답은 '그렇다'인 듯했다. 그는 분명히 새들이 날아가는 오래된 붉은 숲들이 그려진 그림들을 보았다. 뭔지 모를 다른 생물들도 많았다. 다른 돌에는 이들 중 여럿이 죽어 널브러진 그림이 있었다. 추위를 상징하는 듯한, 환상적인 흐나크라 같은 형체가 하늘에서 그들에게 화살을 쏘고 있었다. 살아 있는 생물들이 날개 달린 흔들리는 형체 주위로 몰려들었다. 랜섬은 그것이 날개 달린 불꽃으로 묘사된 오야르사라고 추측했다. 다음 돌에서 여러 생물이 뒤따르는 오야르사가 나타났다. 그는 뾰족한 도구로 홈을 파는 것 같았다. 다른 그림에서는 피플트리기가 땅 파는 도구로 넓은 홈을 파는 장면이 표현되었다. 소른들은 홈 양쪽으로 흙을 쌓았고, 흐로스들은 수로를 만드는 것 같았다. 랜섬은 이것이 한드라미트가 생긴 신화적인 설명인지 궁금했다. 한드라미트가 실제로 인공적으로 만들어진 것인지도 궁금했다.

이해되지 않는 그림도 많았다. 하단에 원의 일부가 있고, 그 뒤와 위쪽으로 솟아오르는 4분의 3짜리 부채꼴이 동심원들로 나누어지는 그림은 특히 난감했다. 언덕 위로 해가 뜨는 그림이라는 생각이 들었다. 하단에 있는 원의 일부에는 말라칸드라의 장면들이 있었다. 멜딜로른의 오야르사, 하란드라의 산 가장자리에 있는 소른들, 낯익은 것들과 낯선 다른 생물들이 많이 그려져 있었다. 랜섬은 다시 눈을 들어 뒤로 솟은 원반을 찬찬히 살폈다. 그것은 해가 아니었다. 해는 분명히 원반 중앙에 있었다. 그 주변에서 동심원들이 나왔다. 가장 작은 첫 동심원에 작은 공이 그려져 있고, 오야르사 같은 날개 달린 형체가 거기 타고 있었지만 나팔 같은 것을 들고 있었다. 그 다음 원반에는 비슷한 공에 다른 활활 타는 형체가 타고 있었다. 이 형체는 얼굴이 아니라 불룩한 것 두 개를 갖고 있었는데, 랜섬은 오래 살핀 끝에 포유동물 암컷의 젖통이나 가슴이라고 결론지었다. 문득 태양계를 그린 그림을 보고 있다는 확신이 생겼다. 첫 번째 공은 수성, 두 번째 공은 금성……. 랜섬은 속으로 중얼댔다. '우연 치곤 기막히네. 이들의 신화도 우리처럼 금성을 여성으로 본 것을 보면 말이지.' 자연스러운 호기심에서 시선이 지구를 나타낼 다음 공으로 옮겨 가지 않았다면, 그 문제를 더 오래 생각했을 터였다. 지구를 나타내는 공을 보자, 랜섬의 생각이 순간적으로 멈춰 버렸다. 거기 공이 있었지만, 불꽃 같은 형체가 있었을 자리에 마치 그것을 지우려는 듯이 불규칙한 형태가 움푹하게 들어내져 있었다. 그러자 짐작했던 것들이 흔들렸고, 알 수 없는 그림들 앞에서 침묵하게 되었다. 랜섬은 다음 원을 바라보았다. 여기에는 공이 없었다. 대신 원의 하단이 말라칸드라의 풍경으로 가득 찬 커다란 부분의 끝과 이어져 있었다. 이 지점에서 말라칸드라가 태양계와 연결되면서, 원근법에 의해 보는 사람 쪽으로 튀어나왔다. 이제 디자인이 파악되자 모든 것의 생생함에 경탄했다. 뒤로 물러서서 심호흡을 한 후, 그를 휩싼 신비로움과 마주했다. 그러니까 말라칸드라는 화성이었다. 지구는……. 그런데 지금까지 들리긴 했지만 의식하지 않았던 두드리는 소리 혹은 망치질 소리가 계속 나서 무시할 수가 없었다. 틀림없이 엘딜은 아닌, 어떤 생물이 가까이서 작업 중이었다. 약간 놀란—지금껏 깊은 생각에 잠겨 있었기에—랜섬은 돌아보았다. 보이는 게 없었다. 그는 아둔하게도 영어로 고함을 질렀다.

"거기 누구요?"

두드리는 소리가 갑자기 멈추더니, 옆의 돌기둥 뒤에서 특이한 얼굴이 나타났다.

사람이나 소른처럼 털이 많지 않았다. 뒤쥐처럼 갸름하고 뾰족한 얼굴은 누렇고 초라해 보였고, 이마가 어찌나 낮은지 튀어나온 뒤통수와 귀 뒤쪽(뒷머리를 싸는, 주머니 달린 가발 같았다)이 아니었다면 지성적인 생물일 리 없었을 터였다. 잠시 후 모든 상황이 순식간에 이해되었다. 랜섬은 이것이 피플트리그라고 짐작했는데, 말라칸드라에 도착해서 처음 만난 생물이 이들이 아니어서 다행이었다. 피플트리그는 지금껏 만난 이들에 비해 곤충이나 파충류에 가까웠다. 몸이 개구리와 흡사해서, 처음에 랜섬은 그것이 개구리처럼 '손을' 짚고 잘 거라고 생각했다. 그러다가 몸을 지탱하는 앞다리의 일부가 손이 아니

163

라 팔꿈치라는 것을 알았다. 넓적하고 바닥에 닿는 부분이 도톰해서, 그 팔꿈치를 딛고 걷는다고 생각했다. 하지만 그 위쪽으로 45도 각도를 이루며 진짜 앞 팔이 있었다. 가늘지만 튼튼한 팔뚝 끝에는 크고 민감한 손가락이 많이 달린 손이 붙어 있었다. 땅파기에서 돌 조각에 이르는 모든 수작업을 하는 이들은 든든한 팔꿈치에서 힘이 나와서 일을 해낼 수 있는 장점이 있음을 알았다. 이들이 곤충같이 보인 것은 움직임이 빠르고 민첩하며 사마귀처럼 사방으로 머리를 돌릴 수 있어서였다. 몸을 움직이면서 메마르고 삐걱거리는 소리를 내기에 그런 느낌이 더 강했다. 피플트리그는 메뚜기와 비슷했고, 개구리보다는 아서 래컴(1867~1939, 영국의 삽화가. 《피터팬》, 《이상한 나라의 앨리스》 삽화로 유명하다─옮긴이)이 그린 난장이들과 비슷했다. 랜섬이 아는, 런던에 사는 왜소한 박제사 영감을 닮기도 했다.

"난 다른 세상에서 왔소."

랜섬이 운을 떼었다.

상대는 참을성 없는 소리로 재빨리 지저귀듯 말했다.

"아오, 아오. 이리 돌 뒤로 오시오. 이쪽, 이쪽으로. 오야르사의 명령이오. 몹시 바쁘오. 당장 시작해야 하오. 거기 서시오."

랜섬은 자기도 모르게 돌 저쪽 끝에 섰다. 완성되고 있는 그림이 보였다. 깎아 낸 부스러기가 바닥에 아무렇게나 널려 있고, 먼지가루가 자욱했다.

피플트리그가 말했다.

"거기요. 가만히 서 있으시오. 날 보지 마시오. 저쪽을 보시오."

순간 랜섬은 뭘 하라는 것인지 이해가 되지 않았다. 그러다가 피플 트리그가 모델과 작품을 번갈아 보는 화가처럼—어느 세계나 화가의 몸짓은 똑같았다—그와 돌을 힐끗대자 사정을 알아차린 랜섬은 웃음을 터뜨렸다. 초상화의 모델 노릇을 하다니! 선 자리에서 보니, 피플 트리그는 돌을 떡 주무르듯 자르고 있었다. 민첩한 손놀림에 동작이 잘 보이지 않았지만, 그를 찬찬히 보면서도 작품이 완성되는 인상은 받지 못했다. 가끔 짜증스런 탄식을 내뱉으며 피플트리그는 손에 쥔 도구를 내던지고 다른 도구를 고르곤 했지만, 사용한 도구 대부분은 입에 물고 작업했다. 랜섬은 피플트리그가 자신처럼 만들어진 옷을 입었음을 눈치 챘다. 상의는 돌가루가 덮였지만 장식이 많은 환한 비늘 같은 것이 보였다. 또 목에는 털목도리 같은 것을 감았고, 튀어나온 검은 고글로 눈을 보호했다. 반짝이는 금속으로 된 고리들과 사슬들로—금은 아니라고 생각했다—팔과 목을 장식했다. 작업하는 내내 피플트리그는 쉬쉬 소리를 내뱉었고, 흥분될 때는—대개 늘 흥분했다—토끼처럼 코끝에 주름이 잡혔다. 마침내 펄쩍 뛰어 작품에서 10미터쯤 떨어진 곳에 내려오더니 말했다.

"그래, 그래. 기대처럼 훌륭하지는 않군. 다음에는 더 잘 해야지. 이제 그만합시다. 이리 와서 직접 보시오."

랜섬은 시키는 대로 했다. 행성들의 그림을 보았다. 태양계 지도를 이루는 구도가 아니라 행성들이 관찰자 쪽으로 한 줄로 늘어선 배치였고, 하나를 제외하면 행성마다 불타는 전차를 모는 전사가 있었다. 아래쪽으로 말라칸드라가 있고, 놀랍게도 아주 그럴듯한 모양새의 우주선이 있었다. 우주선 옆에는 세 형체가 있는데, 모두 랜섬을 모델로 삼았음이 분명했다. 랜섬은 못마땅하며 뒷걸음쳤다. 말라칸드라인의 관점으로 제재가 낯설고 화풍이 독특하다 해도, 사람을 이렇게 동물같이 멍청한 모양으로 그리다니. 사람은 가로와 세로가 거의 같았고, 머리와 목 주변이 버섯처럼 튀어나온 모습이었다.

랜섬은 애매한 태도를 취했다.

"내가 당신들에게 이렇게 보이는군요. 우리 세계에서는 나를 이렇게 그리지 않는데."

피플트리그가 대답했다.

"아니오. 똑같이 보이게 하지 않으려 하오. 너무 비슷하면 그들이 믿지 않을 거요. 나중에 태어나는 이들이 말이오."

그는 이해하기 어려운 말을 자세히 했다. 하지만 그가 말할 때, 랜섬은 그에게 불쾌하게 보이는 형체들이 실은 인간을 이상화하려고 표현한 것임을 알았다. 대화가 좀 맥이 빠졌다. 화제를 바꾸려고 랜섬은 전부터 궁금하던 것을 물었다.

"어쩌다 당신들, 소른들, 흐로스들이 같은 언어로 말하게 되었는지 이해가 안 됩니다. 혀와 치아와 목구멍이 아주 다르게 생겼을 텐데요."

"맞는 말이오. 전에는 서로 다른 말을 했고, 지금도 집에서 우리는 우리말을 하오. 하지만 모두 흐로스들의 말을 배웠소."

"왜 그런가요? 예전에 흐로스들이 나머지 종족들을 지배했습니까?"

랜섬은 여전히 지구의 역사 관점에 빠져 있었다.

"이해가 안 되는구려. 흐로스들은 말을 잘하고 노래도 아주 잘하는 종족이오. 그들은 어휘가 더 많고 더 훌륭하오. 아무도 우리 종족의 말을 배우지 않소. 우리가 해야 될 말은 돌, 태양의 피, 별의 젖으로 표현하고, 모두들 그걸 보면 우리말을 알 수 있기 때문이오. 아무도 소른의 말을 배우지 않소. 그들의 지식을 어떤 말로든 바꿀 수 있고, 그것으로 그들의 말을 알 수 있기 때문이오. 그러나 흐로스의 노래는 그렇게 할 수 있는 게 아니오. 그들의 말은 말라칸드라 전체에 퍼져 있소. 내가 당신에게 흐로스의 말을 하는 것은 당신이 이방인이어서요. 나는 소른에게도 흐로스의 말을 할 거요. 하지만 우리는 우리의 언어가 있소. 이름에서도 그걸 알 수 있소. 소른들의 이름은 오그레이, 아르칼, 벨모, 팔메이같이 거창하게 들리오. 흐로스들은 흐노, 히히, 효이, 흘리스나히같이 듣기에 오싹한 이름을 가졌소."

"그럼 최고의 시가 가장 거친 언어에서 나온다는 겁니까?"

"그럴 거요. 최고의 그림이 가장 단단한 돌로 만들어지는 것처럼. 하지만 내 종족은 칼라카페리, 파라카타루, 타팔라테루프 같은 이름을 가졌소. 나는 카나카베라카요."

피플트리그가 말했다.

랜섬도 이름을 말하자, 카나카베라카가 말했다.

"우리 지역은 이곳 같지 않소. 우리는 좁은 한드라미트에 갇혀 살지 않소. 진짜 숲들이 있고 초록색 그늘이 있고 깊은 땅굴이 있소. 그곳은 따뜻하오. 이렇게 빛이 번뜩이지도 않고, 이렇게 조용하지도 않소. 숲에서 한꺼번에 백 개의 불을 볼 수 있고, 백 개의 망치 소리를 들을 수 있는 곳으로 당신을 데려갈 수 있소. 당신이 우리 지역에 왔으면 좋았으련만. 우리는 소른들처럼 구멍에 살지 않고, 흐로스들처럼 잡초 더미에 살지도 않소. 당신에게 백 개의 기둥으로 된 집들을 보여 줄 수 있소. 태양의 피, 그 다음에는 별의 젖……. 벽마다 온 세상이 그려진 집을 보여 줄 수 있소."

랜섬이 물었다.

"당신들은 어떻게 통치합니까? 땅에 굴을 파는 이들은 벽에 그림을 그리는 이들처럼 그 일을 좋아합니까?"

"동굴은 열려 있소. 굴을 파는 일은 나눠서 해야 할 일이오. 하지만 사람들은 자기 일에 필요한 것을 얻기 위해 각자 굴을 파오. 그러지 않으면 어쩌겠소?"

"우리는 그렇지 않습니다."

"그러면 일을 아주 못하겠구려. 태양의 피가 있는 곳에 들어가지 않으면 태양의 피 속에서 일하는 것을 어떻게 이해하겠소? 거기 들어가서 서로 다른 종류도 알고, 하늘의 빛을 못 보고 며칠씩 그것을 생각하고 먹고 내뱉는 듯 지내 봐야 그것이 그 자의 피와 마음에 녹아들 텐데?"

"우리 세계에는 땅속이 아주 깊어서 접근하기 힘들고, 땅 파는 사람은 평생 그 일을 하고 살지요."

"그러면 그들은 그 일을 좋아하오?"

"아닐 겁니다……. 모르겠네요. 그들은 일을 멈추면 먹을 것을 얻지 못하니까 그 일을 계속하지요."

카나카베라카의 코에 주름이 잡혔다. 그가 물었다.

"그러면 당신네 세상에는 먹을 게 많지 않소?"

"모르겠어요. 나도 그 답을 알고 싶을 때가 많지만, 아무도 내게 말해 줄 수 없지요. 아무도 당신들에게 일을 시키지 않나요, 카나카베라카?"

"우리 여자들이 시키지요."

피플트리그는 콧방귀를 뀌었다. 그게 웃음인 듯했다.

"다른 흐나우들보다 당신들이 더 여자들을 귀하게 여기나요?"

"그렇지요. 소른들이 여자를 가장 덜 귀하게 여기고, 우리가 가장 귀하게 여기오."

18

그날 밤 랜섬은 손님 숙소에서 잤다. 피플트리그들이 지어서 잘 장식한 진짜 집이었다. 인간다운 환경에서 찾은 쾌적함은, 가까운 숙소들에 말라칸드라 주민들이 많다는 데서 오는 불편함 때문에 반감되었다. 합리적으로 생각해도 그런 느낌은 어쩔 수가 없었다. 세 종족이 다 있었다. 그들은 상대에게 불편한 감정이 없는 듯했다. 물론 지구의 기차에서 벌어지는 현상처럼 서로 차이가 있긴 했다. 소른들은 집이 너무 덥다고 느꼈고, 피플트리그들은 너무 춥다고 느꼈다. 이 하룻밤의 농담과 시끌벅적한 분위기는 랜섬이 말라칸드라에 와서 들은 농담과 시끌벅적함을 다 합친 것보다도 많았다. 지금껏 그가 낀 말라칸드라의 대화는 죄다 우울했으니까. 이 재미난 활기는 주로 다른 흐나우 종족을 만난 데서 생긴 듯했다. 랜섬은 세 종족의 농담을 모두 알아듣지 못했다. 종족들의 차이를 알 만하다는 생각이 들었다.

소른들은 비꼬는 수위를 넘지 않는 반면, 흐로스들은 과장되고 공상이 많았다. 피플트리그들은 날카롭고 독설적이었다. 하지만 그들의 말을 알아들어도 핵심은 짚을 수 없었다. 랜섬은 일찌감치 잠자리에 들었다.

누군가 랜섬을 깨운 때는 이른 아침, 지구라면 사람들이 소젖을 짜러 나갈 시간이었다. 처음에는 누가 그를 깨우는지 알아채지 못했다. 그가 누운 방은 텅 비어 조용하고 어두컴컴했다. 다시 잠을 청하려 했을 때, 고음의 목소리가 곁에서 들렸다.

"오야르사가 그대를 불러 오라고 하오."

랜섬은 일어나 앉아서 두리번거렸다. 아무도 없었다. 목소리가 다시 들렸다.

"오야르사가 그대를 불러 오라고 하오."

잠기운이 가시자 랜섬은 방에 엘딜이 있음을 알아차렸다. 공포가 밀려들지는 않았지만, 고분고분 일어나서 옆에 벗어 둔 옷을 입자니 가슴이 유난히 두근거렸다. 방에 있는 안 보이는 존재보다는 오야르사와의 만남이 더 신경 쓰였다. 괴물이나 우상을 만난다는 공포감은 이제는 없었다. 대학 다닐 때 시험 보는 날 아침의 기분이 떠올랐다. 무엇보다도 맛있는 차 한 잔을 마시고 싶었다.

손님 숙소는 비어 있었다. 랜섬은 밖으로 나갔다. 호수에서 푸르스름한 연기가 피어올랐고, 삐죽삐죽한 동쪽 절벽 위의 하늘은 환했다. 해 뜨기 직전이었다. 공기는 여전히 아주 싸늘했고, 풀밭에는 이슬이 맺혀 있었다. 전체적인 풍경에서 고요함과 더불어 묘한 뭔가가 느껴졌다. 엘딜의 소리가 그쳤고, 작은 빛과 그림자의 변화도 멈추었다. 누가 말해 주지 않아도 랜섬은 섬 꼭대기의 수풀로 올라가야 한다는 것을 알았다. 섬으로 올라가다가 돌로 된 길에 말라칸드라인들이 꽉 들어찬 것을 보자 랜섬은 가슴이 내려앉았다. 다들 조용했다. 그들은 양쪽으로 줄을 지어, 쭈그려 앉거나 몸이 허락하는 모양새로 앉아 있었다. 랜섬은 의아해하며 느릿느릿 걸었다. 그러다가 멈출 엄두가 나지 않아서, 두 줄로 앉아 눈도 깜빡이지 않는 인간 아닌 생명체들 사이를 뛰었다. 섬의 꼭대기에 다다르자 가장 큰 돌들이 우뚝 솟은 길 가운데서 멈추어 섰다. 엘딜의 목소리가 그러라고 했는지, 그가 본능적으로 그랬는지는 나중에도 기억할 수 없었다. 그는 앉지 않았다. 바닥이 너무 차고 축축한 데다 그런 행동이 예의바른 것인지 자신이 없었다. 그냥 서 있었다. 마치 가장행렬을 하는 사람처럼 움직이지 않고. 말라칸드라인들은 그를 쳐다보았다. 아무 소리도 나지 않았다.

랜섬은 차츰 이곳에 엘딜들이 꽉 차 있음을 감지했다. 어제 섬에 흩어져 있던 빛 혹은 빛을 암시하는 것들이 한자리에 모여 가만히 있거나 아주 가볍게 움직였다. 이제 해가 떴다. 여전히 아무도 입을 열지 않았다. 고개를 들어 돌기둥을 비추는 첫 빛을 봤을 때, 랜섬은 머리 위로 대단히 복잡하게 얽힌 빛이 꽉 차 있는 것을 느꼈다. 일출로만 설명할 수 없는 현상이었다. 그것은 다른 종류의 빛, 엘딜의 빛이었다. 지상 못지않게 하늘에도 엘딜들이 넘쳐났다. 눈에 보이는 말라칸드라인들은 랜섬을 에워싼 소리 없는 생명체 집단의 일부에 불과했다. 때가 되면 그는 수천, 아니, 수백만 앞에서 소신을 밝혀야 할

터였다. 주위에 늘어선 이들, 머리 위 하늘에 줄줄이 늘어선 이
들……. 지금껏 인간을 본 적 없고 인간에게 선보일 수도 없는 생명
체들이 랜섬의 재판이 시작되기를 기다렸다. 그는 말라붙은 입술을
핥았다. 말하라는 지시를 받으면 과연 말할 수 있을지 염려스러웠다.
그때 이것이―이런 기다림과 구경거리 노릇은―재판이라는 생각이
머리를 스쳤다. 어쩌면 지금도 그들에게 알고 싶어 하는 것을 무의식
적으로 말해 주고 있었다. 하지만 나중에―한참 나중에―움직이는
소리가 났다. 숲에 있는 눈에 보이는 생명체는 다 일어나서 섰고, 더
조용한 분위기에서 머리를 숙였다. 랜섬은 오야르사가 긴 돌조각상
들 사이로 다가오는 것을 보았다(그것을 '보았다'고 할 수 있다면). 그들의
주인이 지나갈 때 말라칸드라인들의 표정을 보고 알기도 했고, 일부
는 오야르사를 보고―보았다는 것을 부인할 수 없었다―알았다. 랜섬
은 그 광경이 어땠는지 설명할 수 없었다. 아주 작게 속삭이는 빛―
아니, 그보다도 작았다. 아주 작은 그림자라고 할까―이 고르지 않은
풀밭 위로 움직였다. 아니, 땅의 모양이 약간 달랐다. 너무 희미해서
오감을 나타내는 언어로 표현할 수 없는 것이 느릿느릿 그를 향해 오
고 있었다. 사람들로 가득 찬 방에 퍼진 침묵처럼, 무더운 날 살짝 스
치는 서늘함처럼, 오래 잊었던 소리나 냄새의 기억처럼, 미동도 않고
아주 작고 손에 잡히지 않는 무엇처럼 오야르사는 종들 사이를 지나
점점 가까이 다가왔다. 그는 멜딜로른의 한가운데, 랜섬과 채 10미터
도 안 되는 곳에 섰다. 랜섬은 심장이 마구 뛰고, 벼락이 가까이서 칠
때처럼 손끝이 저렸다. 심장과 몸이 물로 만들어진 기분이었다.

오야르사는 말했다. 랜섬이 지금껏 들은 어떤 소리보다도 인간과 다른 목소리였다. 감미로웠고, 먼 데서 나는 소리 같았다. 떨림이 없는 소리였고, 나중에 어느 흐로스가 말했듯이 '몸에 피가 안 흐르고, 피 대신 빛이 흐르는' 목소리 같았다. 오야르사의 말은 사람을 불안하게 하지 않았다.

"무얼 그리 두려워하는가, 툴칸드라의 랜섬?"

오야르사가 말했다.

"오야르사, 당신입니다. 당신은 저 같지 않고, 제가 당신을 볼 수 없으니까요."

그러자 오야르사의 목소리가 퍼졌다.

"그것은 이유라고 할 만한 것이 아니다. 그대는 나 같지 않고, 내가 그대를 보기는 하지만 아주 희미하게 본다. 하지만 우리가 완전히 다르다고는 생각하지 말라. 우리 둘 다 말렐딜의 모습이니. 그것들은 진짜 이유가 아니다."

랜섬은 아무 말도 하지 않았다.

"그대는 내 세계에 발을 들여놓기 전에 나를 두려워하기 시작했다. 또 그 후 내내도록 내게서 달아나며 시간을 보냈다. 그대가 우주선을 타고 하늘에 있을 때 내 종들은 그대의 두려움을 간파했다. 내 종들은 그대의 종족들의 말은 못 알아들었지만 그들이 그대를 심하게 다룬 것을 알았다. 그대를 그 둘의 손에서 빼내기 위해 나는 그대가 스스로 내게 오는지 보려고 흐나크라를 흔들었다. 하지만 그대는 흐로스들 틈에 숨었고, 그들이 그대에게 내게 가라고 했지만 그 말을 듣지 않았다. 그 후 나는 엘딜을 보내 그대를 데려오게 했지만, 여전히 그대는 오지 않으려 했지. 결국 그대의 종족이 그대를 내게 쫓아 보냈고, 흐나우가 피를 뿌려야 했지."

"이해가 안 됩니다, 오야르사여. 당신이 툴칸드라에서 나를 데려오게 했다는 뜻입니까?"

"그랬지. 다른 두 사람이 네게 이 말을 해 주지 않았는가? 내 부름에 응할 뜻이 없었다면, 그대는 왜 그들과 함께 왔는가? 우주선이 하늘에 있을 때 내 종들은 그들이 그대에게 뭐라고 말했는지 알아듣지 못했다."

"당신의 종들은······이해를 못하겠습니다."

랜섬이 말했다.

"편하게 물으라."

오야르사의 목소리가 들렸다.

"당신의 종들이 하늘에 있습니까?"

"달리 어디 있겠는가? 그 외에는 있을 데가 없지."

"하지만 오야르사여, 당신은 저처럼 여기 말라칸드라에 있습니다."

"다른 세계들처럼 말라칸드라는 하늘에 떠 있다. 또 나는 툴칸드라의 랜섬, 그대처럼 '여기'에만 있는 게 아니다. 그대의 부류들은 하늘에서 어느 세계로 뚝 떨어져야 하지. 우리에게 세계들은 하늘에 있는 곳들이고. 하지만 지금은 그런 것을 이해하려 애쓰지 말라. 나와 내 종들이 지금 이 순간도 하늘에 있다는 것을 알면 족하다. 그들은 여기서 네 주변에 있는 것처럼, 그대가 하늘의 우주선에 있을 때도 가까이 있었다."

"그렇다면 우리가 툴칸드라를 떠나기 전에 우리의 여행에 대해 알 았군요?"

"아니다. 툴칸드라는 우리가 알지 못하는 세계다. 그곳만이 하늘 바깥에 있으며, 그곳에서는 어떤 메시지도 오지 않는다."

랜섬은 입을 다물었지만, 오야르사는 그가 묻지 않는 것들에 대답해 주었다.

"늘 그랬던 것은 아니야. 예전에 우리는 너희 세계의 오야르사를 알았고―나보다 똑똑하고 훌륭한 인물이었지―당시 우리는 그곳을 툴칸드라라 부르지 않았네. 아주 길고 괴로운 이야기지. 그는 나쁘게 변했어. 그대의 세계에 생명체가 가기 전의 일이지. 그때는 하늘에서 우리가 아직도 '나쁜 세월'이라 부르는 시절이었어. 당시 그는 툴칸드라에 묶이지 않고 우리처럼 자유로웠지. 그는 자기 세계 외의 다른 세계들도 망치기로 작정했어. 그는 왼손으로 달을 망가뜨렸고, 오른손으로 내 하란드라에 차가운 죽음을 가져왔지. 하란드라가 번성하기 전에 말이야. 말렐딜이 내 힘을 이용해서 한드라미트들을 열어 온천을 터뜨리지 않았다면, 내 세계에는 아무도 없었을 거야. 우리는 그가 오래도록 멋대로 굴게 내버려두지 않았네. 큰 전쟁이 벌어졌네. 우리는 그를 다시 하늘 밖으로 내쫓았고, 말렐딜의 가르침대로 그의 세계에 가뒀지. 틀림없이 이 시간에도 그는 거기 있을 거야. 이제 우리는 그 행성에 대해서는 모르니까. 그곳은 고요하거든. 우

리는 말렐딜이 그 행성을 악한 자에게 완전히 맡기지 않을 거라고 생
각해. 말렐딜이 이상한 조언을 들어서 끔찍한 일들을 벌여 툴칸드라
의 악한 자와 싸운다는 이야기들이 우리 사이에 돌지. 하지만 그런
것에 대해 그대가 우리보다 잘 알겠지. 우리가 조사해 보고 싶은 것
도 그것이고."

　랜섬이 다시 말할 때까지 시간이 흘렀다. 오야르사는 그의 침묵을
존중했다. 랜섬은 마음을 가다듬자 입을 열었다.

　"오야르사 님, 이 이야기를 들으니 우리 세계가 아주 악하다고 해
야겠습니다. 저를 데려온 두 사람은 오야르사 님에 대해 몰랐고, 소
른들이 저를 요구한 줄로만 알았습니다. 그들은 당신이 가짜 엘딜이
라고 생각했을 겁니다. 저희 세계의 곳곳에는 가짜 엘딜들이 있으니
까요. 인간들은 그들 앞에서 다른 인간들을 죽입니다. 그들은 엘딜이
피를 마신다고 생각하지요. 그들은 소른들이 저를 원한 게 그런 이유
나 다른 사악한 이유 때문이라고 믿었습니다. 그들은 강제로 저를 끌
고 왔습니다. 저는 엄청난 공포에 사로잡혔습니다. 우리 세계의 이야
기꾼들은, 우리의 하늘 밖에 생명체가 있다면 사악할 거라고 믿게 합
니다."

　오야르사의 목소리가 퍼졌다.

　"알 만하네. 또 궁금했던 것들이 설명이 되는군. 그대들이 그쪽 대
기를 지나 하늘로 들어오자마자, 내 종들은 그대가 억지로 오는 것
같다고 말했지. 두 인간들이 그대에게 비밀로 하는 것 같다고 했어.
나는 어떤 종족도 동족을 여기에 억지로 데려올 만큼 악할 수는 없을

거라고 생각했지."

"그들은 당신이 왜 저를 데려오라고 하는지 몰랐습니다, 오야르사 님. 저도 아직 그걸 모릅니다."

"내가 말해 주지. 2년 전, 그러니까 그대의 세계에서는 4년 전쯤 되겠군. 이 우주선이 그대의 세계에서 하늘로 들어왔지. 우리는 여기까지 그것을 뒤쫓았고, 그것이 하란드라를 지나자 엘딜들이 따라갔지. 마침내 우주선이 한드라미트에 내리자, 내 종의 절반 이상이 주위를 에워싸고 거기서 내리는 이방인들을 지켜보았지. 우리는 동물들이 접근하지 못하게 했고, 어떤 흐나우도 그 일을 몰랐지. 그 이방인들이 말라칸드라를 활보하며 오두막을 짓고 새로운 세계에 대한 두려움을 떨쳤을 무렵, 나는 소른들을 보내 그들에게 우리말을 가르치게 했지. 소른들을 선택한 것은 그들이 가장 그대들과 비슷하게 생겼기 때문이었지. 툴칸드라인들은 소른들을 무서워해서 가르칠 수가 없었네. 소른들은 여러 번 그들에게 찾아가서 조금 가르쳤어. 소른들은 툴칸드라인들이 개천에서 태양의 피가 있는 곳마다 찾아내서 가져간다고 내게 알렸지. 그 보고만 듣고는 그들을 이해할 수 없기에, 소른들에게 그들을 내게 데려오라고 했지. 강제로 말고 예의를 지켜 데려오라고. 그들은 오려 하지 않았네. 둘 중 하나만 오라고 해도 오지 않았네. 그들을 끌고 오는 편이 쉬웠겠지만, 우린 그들이 우둔한 줄은 알았어도 얼마나 악한지는 아직 몰랐지. 또 나는 내 세계에 속하지 않은 이들에게 권위를 부리고 싶지 않았고. 나는 소른들에게 그들을 새끼처럼 다루라고 일렀네. 또 그들이 종족 한 명을 내게 데려오기 전에는 태양의 피를 줍는 것을 금한다고 말하라 했지. 이 말을 들자 그들은 우주선에 잔뜩 짐을 싣고 자기 세계로 돌아갔어. 의아한 일이었지만, 이제 보니 간단하군. 그들은 내가 인간을 먹고 싶어 하는 줄 알고, 한 명을 끌고 오려고 간 게야. 그들이 몇 킬로미터 밖에 있는 나를 만나러 왔더라면 내가 예우해 주었으련만. 그들은 아무 득도 없이 수천만 마일을 오갔고, 결국 내 앞에 나타날 거야. 또 툴칸드라의 랜섬, 그대도 지금 그 자리에 서는 것을 피하려고 공연한 어려움을 자초했지."

"그렇습니다, 오야르사 님. 나쁜 생물들은 두려움으로 가득 차 있습니다. 하지만 이제 저는 여기 있고, 저를 어떻게 하실지 당신의 뜻을 받아들일 준비가 되어 있습니다."

"그대의 종족에게 묻고 싶었던 것은 두 가지였다. 먼저 그대들이 왜 여기 오는지 알아야겠다. 그것이 내 세계에 대한 나의 의무니까. 두 번째로 툴칸드라에 대해, 그리고 말렐딜이 그곳에서 악한 자와 벌이는 이상한 전쟁들에 대해 듣고 싶다. 우리가 조사하고 싶은 건 그거다."

"오야르사 님, 첫 번째 질문의 대답으로, 제가 여기 와 있는 것은 끌려왔기 때문입니다. 다른 자들의 경우, 한 사람은 태양의 피 외에는 아무 관심도 없습니다. 저희 세계에서 그것을 여러 가지 쾌락과 힘으로 바꿀 수 있기 때문입니다. 하지만 다른 자는 여러분에게 사악한 의도를 품고 있습니다. 그는 당신의 종족들을 파괴해서 저희 종족이 있을 공간을 마련하려 할 겁니다. 그 다음에는 다른 세계들도 똑같이 그럴 겁니다. 그는 우리 종족이 영원히 남기를 바라고, 우리가 이 세계에서 저 세계로 옮겨 다니기를 바랄 겁니다⋯⋯. 태양이 죽으면 언제나 새로운 태양으로 가고⋯⋯그런 식으로 말입니다."

"그가 뇌를 다쳤는가?"

"모릅니다. 저는 그의 생각을 제대로 설명하지 못합니다. 그는 저보다 지식이 많습니다."

"그는 위대한 세계로 갈 수 있다고 생각하는가? 말렐딜이 한 종족이 영원히 살기를 바랄 거라고 생각하나?"

"그는 말렐딜이 있는 줄도 모릅니다. 하지만 분명한 것은 그가 당신의 세계에 악의를 품고 있다는 겁니다, 오야르사 님. 저희 종족이 다시 여기 오게 허락해서는 안 됩니다. 저희 셋을 죽여서 그것을 막을 수 있다면, 저는 기꺼이 죽겠습니다."

"그대들이 내 종족이라면 당장 그들을 죽일 것이다, 랜섬. 곧 그대도 죽이겠지. 그들은 가망 없이 악한 자들이고, 그대는 조금만 더 용기를 내면 말렐딜에게 갈 준비가 될 테니까. 하지만 내 힘은 내 세계에만 미친다. 다른 이의 흐나우를 죽이는 것은 끔찍한 짓이다. 그럴 필요가 없을 테고."

"오야르사 님, 그들은 강하고 몇 킬로미터 밖에 있는 것도 죽일 수 있습니다. 자신들의 적들에게 죽음의 공기를 터뜨릴 수도 있습니다."

"내 종들 가운데 가장 작은 자도 우주선이 말라칸드라에 닿기 전에 하늘에 있을 때 건드려서 다르게 움직이는 몸체로 만들 수 있었다. 너는 몸체가 없게 만들 수 있지. 네 종족 누구도 내가 부르지 않으면 다시 내 세계에 들어오지 못한다는 점을 확실히 알라. 하지만 이건 이만하면 됐다. 이제 툴칸드라에 대해 이야기해 보라. 다 이야 기하라. 우리는 '악한 자'가 하늘에서 네 세계의 공중으로 떨어져 바 로 자신의 빛에 상처를 입은 날 이후로는 아무것도 모른다. 한데 그 대는 왜 다시 두려워하는가?"

"저는 시간의 길이가 두렵습니다, 오야르사 님……. 어쩌면 제가 모르는 것이겠지요. 그 일은 툴칸드라에 생명체가 있기 전에 벌어졌 다고 하셨지요?"

"그랬지."

"그러면 오야르사 님은요? 당신은……돌에 그려진 추위가 하란드 라에서 생명들을 죽인 시기에 살았습니까? 그것은 제 세계가 시작되 기 전에 있었던 일을 그린 그림인가요?"

"너도 결국 흐나우구나. 그 당시 공기를 쐰 돌은 당연히 지금은 돌 이 아니지. 그림은 바스라지기 시작했고, 지금 우리 머리 위에 있는 엘딜들의 수보다 많이 다시 복사되었지. 하지만 제대로 복사되었네. 그런 식으로 지금 그대가 보는 그림은 그대의 세계가 반쯤 만들어졌 을 때 마무리되었지. 하지만 이런 것들은 생각하지 말라. 내 종족에 게는 그대 타인들에게 크기나 숫자를 많이 말하지 말라는 법이 있다. 심지어 소른들에게도 말하면 안 되지. 그대는 이해하지 못하고, 그래 서 아무것도 아닌 것들을 숭배하고 진정 위대한 것은 지나치지. 말렐 딜이 툴칸드라에서 무슨 일을 했는지 말해 보라."

"저희에게 전해 온 이야기에 따르면……."

랜섬이 말을 시작하는데, 엄숙하고 조용한 무리 사이에서 예상치 못한 소란이 벌어졌다. 선착장 쪽에서 큰 무리가 행렬이라도 하듯 수풀 쪽으로 다가오고 있었다. 랜섬이 보기에 그들은 흐로스들로만 이루어진 무리였고, 뭔가 나르고 있는 것 같았다.

19

행렬이 더 가까워지자 랜섬은 맨 앞의 흐로스들이 길쭉하고 폭이 좁은 짐 세 개를 떠받치고 있음을 알았다. 그들은 머리로 짐을 날랐다. 짐 하나에 흐로스 넷씩이었다. 이들 뒤에 작살로 무장한 무리가 따라왔다. 그들은 생물 둘을 지키고 있음이 분명했다. 랜섬은 그것들을 알아보지 못했다. 행렬 뒤로 빛이 비췄고, 그들은 가장 멀리 있는 두 바위 사이로 들어왔다. 랜섬이 말라칸드라에서 본 동물 중 가장 키가 작았다. 하체가 두텁고 소시지처럼 생겨서 다리라고 부르기는 뭣했지만 두 발 동물이었다. 몸통은 아래쪽보다 위쪽이 더 좁아서 서양 배와 비슷한 모양새였고, 두상은 흐로스들처럼 둥글지도 소른들처럼 길쭉하지도 않고 거의 사각형이었다. 그들은 무거워 보이는 발로 쿵쿵 걸었다. 폭이 좁은 발로 필요 이상으로 힘주어 땅을 누르는 듯했다. 이제 뻣뻣한 검은 것이 드리워진, 여러 색깔의 주름진 살덩어리들이 보였다. 그들의 얼굴이었다……. 갑자기 표현할 길 없는 감정의 변화가 일면서, 랜섬은 인간들을 보고 있다는 것을 알았다. 두 포로는 웨스턴과 드바인이었다. 랜섬은 거의 말라칸드라인의 눈으로 그들을 보았던 것이다.

일행의 선두에 선 이들이 오야르사의 몇 미터 앞까지 와서 짐을 내려놓았다. 알 수 없는 쇠붙이로 만든 들것에는 흐로스 시신 세 구가 놓여 있었다. 그들은 반듯하게 누워 있었고, 눈은 죽은 사람처럼 꼭 감지 않고 저 멀리 금빛으로 빛나는 수풀 꼭대기를 멍하니 올려다보았다. 하나는 효이의 시신이었는데, 그의 동생 히아이가 앞으로 나와서 오야르사에게 경의를 표한 후 말하기 시작했다.

처음에 랜섬은 웨스턴과 드바인에게만 관심을 쏟느라, 히아이가 무슨 말을 하는지 몰랐다. 둘은 무기도 없이, 무장한 흐로스들의 감시를 받았다. 랜섬처럼 두 사람 모두 말라칸드라에 온 후 수염이 길었다. 둘 다 파리했고 여행으로 지친 기색이었다. 웨스턴은 팔짱을 끼고 서 있었으며, 단호하고 필사적인 표정이었다. 일부러 그런 표정을 짓는 것 같기도 했다. 양손을 주머니에 넣은 드바인은 부아가 치밀어 샐쭉해 보였다. 둘 다 용기가 가상했지만, 두려워할 만하다고 생각하는 눈치였다. 경비병들이 에워싸 있고 눈앞에서 펼쳐지는 광경 때문에 랜섬을 알아보지 못했다.

랜섬은 효이의 동생 말을 알아듣기 시작했다.

"오야르사 님, 이 둘의 죽음에 대해서는 별 불만이 없습니다. 밤에 저희가 갑자기 덮쳤을 때 이 힌간들은 공포에 질려 있었으니까요. 그것은 사냥이었고, 이 둘은 흐나크라에게 당해서 죽듯 죽었다고 치면 됩니다. 하지만 효이가 저들을 겁먹게 한 일이 없는데도, 저들은 멀리서 겁쟁이의 무기로 효이를 쏘았습니다. 이제 효이는 저렇게 누워 있습니다. 그가 제 형제여서 하는 말이 아니라 모든 한드라미트가 다 아는 바로서, 그는 흐나크라푼트였으며 위대한 시인이었으므로 그를 잃은 것은 큰일입니다."

처음으로 오야르사가 두 사람에게 말했다

"왜 내 흐나우를 죽였는가?"

오야르사의 목소리가 퍼졌다.

웨스턴과 드바인은 누구 목소리인지 보려고 초조하게 두리번댔다.

드바인이 영어로 말했다.

"맙소사! 설마 스피커가 있는 것은 아니겠지."

웨스턴이 쉰 소리로 소곤댔다.

"복화술이라구. 미개인들 사이에는 아주 흔하지. 치료하는 심령술사나 병 고치는 자가 환각에 빠진 체하면서 복화술을 하는 거지. 목소리가 어디서 나오든 병 고치는 자를 알아내서 그에게 말을 하면 된다구. 그러면 신경이 분산되어 정체가 드러날 거야. 환각에 빠진 놈이 보이나? 맙소사……. 난 봤어."

웨스턴의 관찰력은 알아줘야 할 것 같았다. 그는 무리 속에서 경외하는 마음으로 집중하며 서 있지 않은 한 명을 골라냈다. 가까이 있는 늙은 흐로스였다. 그 흐로스는 쭈그리고 앉아서 눈을 감고 있었다. 웨스턴은 한 발 다가가서, 대들듯이 큰소리로 외쳤다(그가 아는 말은 기초적인 수준이었다).

"왜 우리의 '탕탕'을 가져갔지? 우리는 화났다. 우린 안 무섭다."

웨스턴은 그 행동이 깊은 인상을 주었을 거라고 짐작했다. 하지만 애석하게도 흐로스 노인의 행동을 웨스턴처럼 생각하는 이는 아무도 없었다. 랜섬을 포함해서 모두 잘 아는 노인이었다. 그는 장례 행렬을 따라서 온 게 아니었다. 새벽부터 그 자리에 죽 있었다. 오야르사에게 불손하려는 건 아니었지만, 장례식에 관한 청원이 시작되기 훨씬 전부터 늙은 흐나우는 기운이 빠져서 지금은 깊은 잠을 자며 기운을 되찾고 있었다고 말할 수 있다. 웨스턴이 면전에 대고 소리 지르자 흐나우의 수염이 약간 실룩거렸지만, 눈은 여전히 감겨 있었다.

다시 오야르사의 목소리가 퍼졌다.

"왜 그에게 말을 하느냐? 그대에게 묻는 이는 바로 나다. 왜 내 흐나우를 죽였는가?"

그러자 웨스턴은 잠든 흐로스를 윽박질렀다.

"우리를 보내 주고서 말하자구. 너희는 우리가 힘이 없다고 생각하지. 너희가 하고 싶은 대로 한다고 생각하지. 하지만 그렇게 못해. 하늘의 위대한 대장이 우리를 보냈다구. 너희가 내 말대로 안 하면, 그가 와서 너희를 다 날려 버릴 거야. 피웅! 탕!"

"'탕'이 무슨 뜻인지 모르지만, 왜 나의 흐나우를 죽였나?"

오야르사가 말했다.

"사고였다고 말해요."

드바인이 웨스턴에게 영어로 중얼댔다.

웨스턴이 영어로 대답했다.

"전에도 말했잖아. 자네는 원주민들을 다루는 법을 모른다니까. 물러서는 기미를 보이면 놈들은 목을 조르려 들 거야. 그들을 협박하는 방법밖에 없다구."

"알았어요. 그럼 알아서 해요."

드바인이 딱딱거렸다. 동업자에 대한 신뢰를 잃었음이 확연했다.

웨스턴은 헛기침을 한 다음 노인 흐로스에게 다시 대들었다.

"우리가 그를 죽인다. 우리가 할 수 있는 걸 보여 줄 거다. 말 안 들으면 다 피웅! 탕! 저것처럼 죽는다. 우리 말대로 하면 예쁜 물건을 많이 준다. 봐! 보라구!"

웨스턴이 주머니에서 원색의 구슬 목걸이를 꺼내자 랜섬은 몹시 마음이 불편했다. 틀림없는 '울워스'(영국의 저가 물품 잡화점—옮긴이)의 물건이었다. 웨스턴은 목걸이를 경비병들의 얼굴에 대고 흔들더니, 천천히 주위를 돌며 거듭 말했다.

"예뻐, 예쁘다구! 봐! 보라니까!"

이런 행동의 결과는 웨스턴의 예상보다 놀라웠다. 일찍이 들어 본 적이 없는 요란한 소리—흐로스들의 짖는 소리, 피플트리그들의 날카로운 소리, 소른들의 울리는 소리—가 터져 나와서, 위엄 있는 곳의 고요함을 흔들고 먼 산의 낭떠러지에서 메아리쳤다. 머리 위의 하늘에서 살짝 엘딜의 목소리까지 울렸다. 이런 상황에 창백해졌어도 용기는 잃지 않았으니 웨스턴이야말로 대단하다.

그는 큰 소리로 외쳤다.

"나한테 소리치지 말아. 날 겁먹게 할 생각은 말아. 나는 너희가
안 무서워."

"내 부족들을 용서하라. 하지만 이들은 너에게 소리치는 게 아니
다. 웃는 것뿐이야."

오야르사의 목소리가 퍼졌다. 그 소리까지도 약간 변한 듯했다.

하지만 웨스턴은 말라칸드라어의 '웃음'이란 말을 몰랐다. 사실 그
는 어느 나라 말로도 웃음을 모르는 사람이었다. 랜섬은 치욕감에 입
술을 깨물며, 목걸이 실험만으로 이 과학자가 정황을 파악하기를 기
도했다. 하지만 그것은 웨스턴을 몰라서 한 생각이었다. 웨스턴은 소
란이 가라앉은 것을 알았다. 그는 원시인들을 겁준 다음에는 달래야
한다는 가장 기본적인 원칙을 따랐다. 그는 한두 번의 실패로 단념할
위인이 아니었다. 웨스턴은 팽이가 돌아가는 장면의 슬로모션처럼
빙빙 돌기 시작했다. 가끔 왼손으로 이마를 닦으면서 오른손으로는
보란듯이 목걸이를 위아래로 흔들어 댔다. 그러자 종족들이 소리를
뱉어 냈고, 웨스턴이 하려는 말은 묻혀 버렸다. 하지만 랜섬은 그의
입술 모양을 보고 그가 "예뻐! 예쁘다구!"라고 말하고 있다고 확신했
다. 갑자기 웃음소리가 두 배로 커졌다. 항로를 따라 움직이던 별들
이 웨스턴에게 대드는 것 같았다. 오래 전에 어린 조카를 달랠 때의
어렴풋한 기억이 고도로 훈련된 그의 머리를 파고들기 시작했다. 그
는 고개를 한쪽으로 기울이고 무릎을 폈다 굽히면서 춤을 추다시피
했다. 이제 동작이 격렬해졌다. 랜섬은 웨스턴이 "까딱, 까딱, 까딱"
이라고 중얼거린다는 것만 알았다.

위대한 물리학자의 공연은 기진맥진해서 끝이 났고—말라칸드라에서 펼쳐진 공연 중 가장 성공적이었다—청중은 큰 즐거움을 느꼈다. 다시 조용해지자 랜섬은 드바인이 영어로 말하는 소리를 들었다.

"제발 어릿광대짓 좀 그만해요. 그런 짓이 통하지 않는다는 걸 모르겠어요?"

"통하지 않는 것 같군. 난 이들이 우리가 짐작했던 것보다 머리가 훨씬 나쁘다고 생각하는데. 어때. 내가 다시 한 번 해 볼까, 아니면 이번에는 자네가 해 보겠나?"

"이런 망할!"

드바인이 중얼대며 등을 돌리고 바닥에 털썩 주저앉았다. 그는 담뱃갑을 꺼내서 담배를 피우기 시작했다. 드바인의 행동에 호기심이 동한 구경꾼들이 입을 다물자 웨스턴이 말했다.

"이걸 병 고치는 주술사에게 줘야지."

그는 누가 말릴 새도 없이 한 걸음 나아가 구슬 목걸이를 늙은 흐로스의 목에 걸어 주려고 했다. 하지만 흐로스의 머리통이 너무 커서 목걸이가 왕관처럼 이마에 걸려 한쪽 눈 위로 비스듬히 내려왔다. 흐로스는 파리를 성가셔 하는 개처럼 머리를 흔들더니, 가만히 코를 골고 다시 잠에 빠졌다.

이제 오야르사의 음성이 랜섬에게 다가왔다.

"네 동료 생물들은 뇌를 다쳤는가, 툴칸드라의 랜섬? 아니면 너무 두려워서 내 질문에 대답을 못하는 건가?"

랜섬이 대답했다.

"오야르사여, 저들은 당신이 거기 있다는 것을 못 믿나 봅니다. 또 저들은 이 흐나우들 전부가 아주 어린 새끼들 같다고 믿습니다. 몸이 큰 힌간은 그들을 겁주려 한 다음 선물로 그들의 비위를 맞추려 합니다."

랜섬의 목소리를 듣자 두 사람은 고개를 홱 돌렸다. 웨스턴이 말하려 할 때 랜섬이 얼른 영어로 말을 막았다.

"잘 들으시오, 웨스턴. 이것은 속임수가 아니오. 저 가운데 진짜 생명체가 있소. 잘 보면 빛이나 어떤 종류의 것을 볼 수 있을 거요. 또 그것은 적어도 인간만큼 똑똑하오. 이들은 엄청난 시간을 사는 것 같소. 그를 아이 취급하는 짓은 그만두고 질문에 대답하시오. 내 조언을 받아들이겠다면, 고함치지 말고 진실을 말하시오.

"야만인들이 당신을 끌어들일 정도의 머리는 있는 것 같구만."

웨스턴이 고함쳤다. 하지만 그는 꾸민 목소리로 잠든 흐로스에게 다시 접근했다. 병고치는 주술사로 여기는 이를 깨우려는 욕망이 강박관념이 되어 버린 듯했다.

그가 효이를 손짓하며 말했다.

"우리가 그를 죽여 미안. 그를 죽이러 간 게 아니야. 소른들이 사람을 데려오라고 해. 그를 당신 대장한테 주라고. 우리는 다시 하늘로 갔어. 그가 와(이 대목에서 웨스턴은 랜섬을 가리켰다), 우리랑 같이. 그는 아주 나쁜 사람. 도망가. 우리처럼 소른들 시키는 것 안 해. 우린 그를 쫓아가. 소른에게 그를 데려가려고. 우리가 하라는 것, 소른이 시키는 것 하라고. 알았어? 그가 우리 말 안 들어. 도망가. 도망, 도망. 우리가 쫓아가. 큰 검은 것을 봐. 그가 우리를 죽인다고 생각해. 우리가 죽여. 피윅! 탕! 나쁜 사람 때문이야. 그가 도망 안 하면, 그가 착하면, 우린 안 쫓아가. 큰 검은 것을 안 죽여. 알아 들어? 당신들 나쁜 사람 데리고 있어. 나쁜 놈이 말썽을 일으켜. 당신들이 그를 데리고 있으니 우리 보내 줘. 그는 당신들 무서워하고, 우리 당신들 안 무서워해. 들어 봐……."

이 순간 웨스턴이 흐로스의 얼굴에 대고 계속 소리를 지르는 통에, 그의 뜻이 이루어졌다. 흐로스가 눈을 뜨고 당황스런 눈으로 그를 쳐다봤다. 그러더니 차츰 자기 잘못이 아님을 깨닫고는 천천히 일어나서 오야르사에게 절을 했다. 그는 오른쪽 눈과 귀에 목걸이를 늘어뜨린 채 무리에서 빠져나갔다. 웨스턴은 입을 헤벌리고, 걸어 나가는 흐로스를 눈으로 쫓았다. 늙은 흐로스는 무덤 기둥들 사이로 사라졌다.

침묵을 깬 것은 오야르사였다.

"웃음은 이만하면 충분하다. 이제 우리의 질문에 대한 진실된 대답을 들을 때다. 그대의 머릿속에 이상이 있다, 툴칸드라에서 온 흐나우여. 안에 피가 너무 많다. 여기 피리키테킬라가 있는가?"

"여기 있습니다, 오야르사여."

한 피플트리그가 대답했다.

"그대의 물통에 시원한 물이 있는가?"

"그렇습니다, 오야르사여."

"그러면 이 뚱뚱한 흐나우를 손님 숙소에 데려가서 머리를 찬 물에 담가라. 물을 많이 해서 여러 번 씻기라. 그런 다음 그를 다시 데려오라. 그 동안 나는 죽은 흐로사를 위해 준비하겠노라."

웨스턴은 그가 무슨 말을 하는지 알아듣지 못했지만—사실 목소리가 어디서 나오는지 알아내려고 부산스러웠다—주위의 흐로스들이 억센 팔로 감싸 그를 밀어내자 겁에 질렸다. 랜섬이 안심시키려는 말을 외치려 했겠지만 웨스턴은 너무 요란하게 소리치는 바람에 그의 말을 들을 수 없었다. 웨스턴은 영어와 말라칸드라 말을 섞어서 외쳤고, 마지막으로 이렇게 소리질렀다.

"단단히 혼날 줄 알아. 피웅! 탕! 랜섬, 제발, 랜섬! 랜섬!"

다시 조용해지자 오야르사가 말했다.

"자 이제, 죽은 흐나우를 기리도록 하지."

그의 말에 흐로스 열 명이 들것 주위에 섰다. 그들은 고개를 들더니, 랜섬이 보기에는 아무 신호도 없었는데, 노래하기 시작했다.

누구나 새로운 예술을 알게 되면, 전에는 무의미했던 것이 신비를 감춘 커튼 자락을 살짝 든 것처럼 샘솟는 기쁨 속에서 그 안에 깃든 막연한 가능성들을 힐끗 보게 된다. 나중에 그것에 대해 더 많이 알게 되어도 처음에 느낀 기쁨에는 비할 수가 없다. 랜섬은 이 순간 말라칸드라의 노래를 이해하게 되었다. 처음에는 우리와 다른 피에서 비롯한 리듬이라는 것을 알았다. 더 빨리 뛰는 심장, 더 강렬한 내면의 열기에서 비롯한 리듬이었다. 말라칸드라인들을 알고 사랑하면서 조금씩 그들의 귀로 노래를 듣기 시작했다. 거대한 덩어리들이 비현실적인 속도로 움직이기 시작하는 느낌이었다. 거인들이 춤추는 느낌, 영원한 슬픔이 영원히 위로받는 느낌이었다. 깊은 만가의 첫 마디와 함께 뭔지 몰라도 늘 알았던 것이 깨어나는 느낌이었다. 천국의 문이 바로 앞에서 열리기라도 한 것처럼 그의 영혼이 머리 숙여지는 기분이었다.

그들은 노래했다.

"여기서 가게 하라. 여기서 가서 녹으면 몸이 없어지리. 떨어뜨리라, 놓아 주라. 가만히 떨어뜨리라. 손에서 빠져나간 돌이 잔잔한 물에 떨어지듯이. 내려가 잠기게 하라. 내려가게 하라. 물 밑은 나뉘지도 않고, 물속은 걸림이 없어 아래로 아래로 내려가리. 하나 됨, 온전함이 그 본질이리. 멀리 보내라. 그것은 다시는 돌아오지 않으리. 내려 보내라. 흐나우는 거기서 솟아오른다. 이것이 두 번째 삶, 그 삶이 시작된다. 아, 색으로 물든 세상, 무게도 없고 해안도 없는 세상이여 열리라. 그대는 두 번째 세상, 더 나은 세상을 맞이하나니. 이곳은 첫 번째였고 약한 세상이었나니. 한때 세상들은 내부가 뜨거워 생명을 가져왔으나, 연약한 식물들, 어두운 식물들만 있었다. 우리는 그들의 자식이 슬픈 곳에서 햇빛을 쬐지 못하고 자라는 것을 본다. 이후 하늘은 다른 종류의 세상들을 만들었다. 높이 오르는 것들, 밝은 머리털을 지닌 숲들, 발그레한 꽃들의 볼. 첫 번째는 더 어두웠고, 그 후에는 더 밝다. 첫 번째는 세상의 새끼였고, 그 후에는 태양의 새끼이다."

나중에 랜섬이 기억해서 번역할 수 있는 내용은 이 정도였다. 노래가 끝나자 오야르사가 말했다.

"그들의 몸이었던 움직임을 흩트리자. 이처럼 처음의 약한 것이

쇠하면 말렐딜은 모든 세상들을 흩트릴 것이다."

그에게 신호를 받은 피플트리그가 곧장 일어나서 시신들에게 다가 갔다. 흐로스들은 아주 나직이 노래하면서 열 걸음쯤 물러났다. 그 피플트리그는 유리나 수정 같은 것으로 된 물체로 시신 세 구를 차례 로 건드렸다. 그런 다음 개구리같이 펄쩍 튀어나왔다. 랜섬은 눈부신 빛에서 보호하려고 눈을 감았고, 순간적으로 얼굴에 아주 강한 바람 같은 것이 스치는 기운을 느꼈다. 다시 모든 게 잠잠해졌고, 들것 세 개는 텅 비었다.

드바인이 랜섬에게 말했다.

"세상에! 저 속임수는 지구에서도 쓸 만하겠는걸. 시체를 없애야 하는 살인자의 고민이 해결되겠어, 안 그런가?"

하지만 효이를 생각하던 랜섬은 대꾸하지 않았다. 그가 뭐라 말하 기 전에, 다시 웨스턴이 우울하게 끌려오자 모두의 관심이 그에게 쏠 렸다.

이 행렬을 이끄는 흐로스는 양심이 바른 이여서, 고민스러운 목소리로 사정을 설명하기 시작했다.

"저희가 분부를 제대로 이행했으면 좋겠습니다, 오야르사여. 하지만 잘 모르겠습니다. 찬물에 그의 머리를 일곱 번 담갔지만, 일곱 번째에 뭔가 툭 떨어졌습니다. 저희는 그것이 그의 머리통인줄 알았는데 다른 생물의 피부로 만든 덮개였습니다. 그러자 몇몇은 당신의 뜻이 머리를 일곱 번 담그는 거라고 했고, 그게 아니라고 하는 사람들도 있었습니다. 결국 저희는 그 머리를 일곱 번 더 담갔습니다. 제대로 해냈기를 바랍니다. 그는 머리를 담그는 사이에 많은 말을 했고, 다시 일곱 번 담글 때는 더 많이 떠들었지만 무슨 말인지 알아듣지 못했습니다."

오야르사가 말했다.

"아주 잘 했다, 흐누. 내가 그를 볼 수 있게 물러서라. 이제 내가 그에게 말하겠다."

웨스턴을 데려온 이들이 양옆으로 물러섰다. 평소 창백한 웨스턴의 얼굴은 추운 날씨 때문에 토마토처럼 붉었고, 말라칸드라에 온 후로 자르지 않은 머리칼은 딱 달라붙어 이마를 덮었다. 코와 귀에서 물이 뚝뚝 흘렀다. 그는 위대한 목적 때문에 고초를 겪는 용감한 자의 표정을 짓고 있었다. 그러나 지구인의 표정을 모르는 이들은 아쉽게도 제대로 읽어 내지 못했다. 최악의 상황을 감당하거나 일으키기를 꺼리는 것이 아니라 오히려 반기는 표정이었다. 그날 아침에 예상치 못한 순교의 공포를 겪은 후여서 열네 차례 머리를 물에 처박힌 것은 아무 일도 아닐 터였다. 웨스턴을 잘 아는 드바인은 그에게 영어로 소리쳤다.

"침착해요, 웨스턴. 이 악마들은 원자나 그와 비슷한 것을 쪼갤 수 있는 자들이오. 말조심하고 엉뚱한 짓거리는 하지 말아요."

"이런! 자네도 미개해졌나?"

웨스턴이 말했다.

오야르사의 목소리가 울려 퍼졌다.

"조용하라. 뚱뚱한 자여, 그대는 내게 아무 말도 하지 않았으니 이제 내가 그대에게 말하겠다. 그대의 세상에서 그대는 몸에 대해 큰 지혜를 얻었고, 그 지혜로 하늘을 지날 수 있는 배를 만들었노라. 그러나 다른 일들에 있어서 그대는 동물의 마음을 지녔노라. 처음 그대가 여기 왔을 때, 내가 그대를 데려오게 한 것은 다름 아닌 경의를 표하기 위해서였노라. 그대의 마음속 어둠은 그대를 두려움에 가득 차게 했노라. 그대는 내가 그대에게 악한 일을 하리라 생각했기에, 야수가 다른 종류의 야수에게 대들듯 해서 여기 랜섬을 함정에 빠뜨렸노라. 그대는 그를 그대가 두려워하는 악령에게 주려고 했노라. 오늘 여기서 그를 보자, 그대는 자기 목숨을 구하기 위해 그를 또다시 내게 주려고 했을 것이다. 아직도 내가 그를 해치려 한다고 생각하며 말이다. 그대는 자기 종족을 이런 식으로 다룬다. 또 그대가 내 종족을 어찌하려는지 나는 알고 있다. 이미 그대는 몇을 죽였노라. 그대는 상대가 흐나우인지 아닌지 상관하지 않는다. 처음에는 그대가 자기와 같은 몸을 가진 생물만 챙기기 때문에 그들을 죽였다고 생각했다. 하지만 랜섬은 그대와 같은 몸을 가졌는데도 그대는 내 흐나우를 죽이듯이 그를 아무렇지 않게 죽이려 한다. '악한 자'가 그대의 세상에서 그렇게 많은 짓을 저질렀는 줄 몰랐고, 지금도 이해가 되지 않는다. 그대가 내 것이라면, 당장이라도 그대의 몸을 해체할 것이다. 바보 같은 생각은 말라. 말렐딜은 내 손을 통해 이보다 더한 일도 하며, 나는 그대가 사는 세상 대기권의 경계 지대에서도 그대를 없앨 수 있다. 하지만 아직 그러려고 작정하진 않았다. 말해 보라. 공포와 죽음과 욕망 외에 다른 게 마음속에 있는지 밝히라."

웨스턴은 랜섬에게 몸을 돌려 말했다.

"자네가 인류를 배반하려고 역사상 가장 중대한 위기를 선택했다는 걸 알겠구만."

그러더니 그는 오야르사의 목소리가 나는 방향으로 몸을 돌렸다.

"당신이 우리를 죽인다는 걸 안다. 나는 안 무섭다. 사람들이 와서, 여기를 우리 세상으로 만들 거다……."

하지만 드바인이 벌떡 일어나서 그의 말을 막았다.

"아니오, 아닙니다. 오야르사 님, 그 말을 듣지 마십시오. 그는 멍텅구리입니다. 그는 몽상에 빠졌어요. 우리 하찮은 인간은 태양의 피를 원하는 것뿐입니다. 태양의 피를 많이 주세요. 그러면 우리는 하늘로 돌아갈 거고, 다시는 우리를 보지 않게 될 겁니다. 그러면 됩니다, 아셨지요?"

"조용히 하라."

오야르사가 말했다. 그것을 '빛'이라 부를 수 있다면 빛에서 거의 감지할 수 없는 변화가 있었다. 거기서 목소리가 나왔고 드바인은 몸을 굽히며 바닥에 나가떨어졌다. 그는 얼굴이 새하얗게 되어서 숨을 몰아쉬며 다시 앉는 자세를 취했다.

"계속 말해 보라."

오야르사가 웨스턴에게 말했다.

"나는 아무…… 아무……."

웨스턴은 말라칸드라 말을 시작하다가 멈추더니, 영어로 말했다.

"이 진저리 나는 말로는 하고 싶은 말을 할 수가 없구만."

"랜섬에게 말하면 그가 우리말로 전달해 줄 것이다."

오야르사가 말했다.

웨스턴도 곧 그 말을 받아들였다. 그는 죽음의 시간이 왔다고 믿고 해야 할 말—과학 지식 외에 할 말은 유일하게 그것뿐이었다—을 다 하기로 결심했다. 그가 목청을 가다듬고 몸짓을 하면서 말을 시작했다.

"당신에게는 내가 야비한 강도로 보일지 모르겠지만, 나는 어깨에
인류의 운명을 짊어지고 있소. 부족 생활을 하는 당신들은 석기 시대
의 무기와 벌집 같은 오두막들, 원시적인 작은 배, 기초적인 사회 구
조를 지녔소. 과학, 의학, 법, 군대, 건축, 상업, 급속도로 시공을 넘
나드는 운송 체계가 있는 우리의 문명과는 비교가 되지 않소. 우리가
당신들을 지배할 권리는 고등 동물이 하등 동물을 지배할 권리요. 생
물은……."

랜섬이 영어로 말했다.

"잠깐. 내가 한 번에 옮길 수 있는 양은 딱 그만큼이오."

그는 오야르사에게 몸을 돌리고 최선을 다해 통역하기 시작했다.
통역은 쉽지 않았으며 랜섬이 생각해도 좀 만족스럽지 않았는데, 대
략 다음과 같았다.

"오야르사여, 저희 중에는 다른 흐나우가 보지 않을 때 그의 음식
과 물건들을 빼앗으려는 흐나우 부류가 있습니다. 그는 그런 평범한
부류가 아니라고 말합니다. 그가 하는 일이 아직 태어나지 않은 저희
종족에게 다른 일이 일어나게 할 것이라고 말합니다. 그는 당신의 종
족 중에는 친척이 같이 사는 흐나우가 있고, 흐로스들은 저희가 아주
오래 전에 사용한 것 같은 창을 쓰며, 집은 작고 둥글고, 당신들의 배
는 작고 가벼우며 저희가 옛날에 쓰던 것 같다고 말합니다. 또 당신
들은 통치자가 하나입니다. 그는 이 모두가 저희와 다르다고 말합니
다. 그는 저희가 많이 안다고 말합니다. 저희 세계에서는 살아 있는

것의 몸이 아픔을 느끼거나 약하게 되면 어떤 일이 일어나고, 그는 저희가 때로 그것을 멈추는 방법을 안다고 말합니다. 그는 저희에게 많은 나쁜 사람들이 있으며 저희가 그들을 죽이거나 집에 가둔다고 말하고, 저희에게 나쁜 흐나우들끼리 집과 배우자와 물건에 대해 싸우는 것을 막는 사람들이 있다고 말합니다. 그는 한 곳의 흐나우가 다른 곳의 흐나우들을 죽이는 방법이 많으며, 어떤 이들은 그러한 훈련을 받는다고 말합니다. 그는 저희가 아주 크고 튼튼한 돌집을 세우며, 피플트리기처럼 물건들을 만든다고 말합니다. 또 저희끼리 많은 것을 주고받으며 무거운 것들을 아주 빠르게 멀리 옮길 수 있다고 말합니다. 이 모든 것 때문에 그는 저희 종족들이 당신의 종족 모두를 죽인다 해도 나쁜 흐나우의 행동이 아닐 거라고 말합니다."

랜섬이 말을 마치기 무섭게 웨스턴이 계속 말했다.

"생물은 도덕 체계보다 위대하오. 생명의 요구는 완전하오. 생물이 아메바에서 인간으로, 인간에서 문명으로 가차 없이 나아가는 것은 부족의 금기와 틀에 박힌 격언 따위에 의해서가 아니오."

랜섬이 통역하기 시작했다.

"그는 살아 있는 것들은 착한 행동인가, 나쁜 행동인가의 문제보다 더 강하다고 말합니다. 아니, 그 말은 옳을 리가 없지요. 그는 죽는 것보다는 살아서 나쁜 것이 더 좋다고 말합니다. 아니, 그것도 아닙니다. 저는 그의 말을 당신들의 말로 옮길 수가 없습니다, 오야르사 님. 하지만 그는 많은 생물이 살아 있는 것이 유일하게 좋은 일이라고 말합니다. 그는 첫 번째 인간들 전에 여러 동물들이 있었고, 나중에 나온 것들이 앞의 것들보다 나았다고 말합니다. 하지만 그는 어른들이 어린 것들에게 나쁘고 좋은 행동에 대해 말했기 때문에 동물들이 태어나는 게 아니라고 말합니다. 또 이런 동물들은 연민을 느끼지 않았다고 말합니다."

"그것은⋯⋯."

웨스턴이 말을 시작하자 랜섬이 막았다.

"미안하지만 '그것'이 뭔지 잊어버렸소."

"당연히 생물이지. 생물은 모든 장애물을 가차 없이 부수었으며 모든 실패를 없앴고 오늘날 고도의 형태—문명화된 인간—속에서 또 그의 대표자인 내 안에서 행성 간을 뛰어넘으라고 밀어 대고 있소. 그렇게 되면 죽음의 한계를 영원히 넘어서게 될 거요."

랜섬이 통역하기 시작했다.

"그는 이 동물들이 많은 어려운 일들을 하는 법을 배웠다고 말합니다. 배우지 못한 동물들은 죽었고, 다른 동물들은 죽은 것들을 동정하지 않았지요. 또 그는 이제 가장 뛰어난 동물은 큰 집을 짓고 무거운 것들을 옮기며 제가 말씀드린 다른 일들을 하는 인간 부류라고 말합니다. 그는 이런 부류 중 한 명이며, 다른 사람들이 그가 무슨 일을 하는지 안다면 기뻐할 거라고 말합니다. 그는 당신들 모두를 죽이고 우리 인간들을 말라칸드라에 데려와서 살게 할 수 있다고 말하며, 우리 세계에 무슨 일이 벌어진 후에도 그들이 여기서 살 수 있을 거라고 말합니다. 그 다음에 말라칸드라에 무슨 일이 생기면, 다른 세계에 가서 흐나우를 전부 죽일 거라고 말합니다. 그 다음에 또 다른 세계로 가고······ 그래서 그들이 죽지 않을 거라고요."

웨스턴이 말했다.

"이것은 생물의 권리요. 권리이거나, 생물 자체의 힘이라고 할 수 있을 거요. 나는 주춤하지 않고 인간의 깃발을 말라칸드라의 땅에 꽂을 준비가 되어 있소. 한 걸음씩 행군하고, 필요하면 우리 눈에 띄는 하등 생물들을 없애고 행성을 하나하나, 소우주를 하나하나씩 차지할 거요. 우리 후손이—그들이 어떤 이상한 형태일지, 어떤 정신을 가질지 아직 짐작할 수 없지만—인간이 살 수 있는 곳이면 어느 우주에서든 살게 될 때까지."

랜섬이 통역했다.

"따라서 그는 그가 당신들 모두를 죽이고 저희를 여기 데려오는 것은 나쁜 짓이 아닐 것이라고 말합니다. 혹은 그것이 가능한 행위일 거라고 말합니다. 그는 동정을 느끼지 않을 거라고 말합니다. 그는 그들이 다른 세계로 옮겨가서 어디 가든지 모두를 죽일 수 있다고 다시 말하고 있습니다. 제 생각에 그는 다른 태양들 주변을 도는 세계들에 대해 말하는 것 같습니다. 그는 저희에게서 태어나는 생물들이 가능한 여러 곳에서 지내게 되기를 바랍니다. 그는 그들이 어떤 종류의 생물이 될지 모른다고 말합니다."

웨스턴이 말했다.

"나는 쓰러질지 모르오. 하지만 내 손에 그런 열쇠를 쥐었으니, 내가 살아 있는 동안은 내 종족의 미래를 여는 문이 닫히게 하지 않을 거요. 그 미래에 놓인 일들, 현재 우리의 지식 범위를 벗어난 일들은 상상으로 품어 볼 수 있소. 나로서는 '그 너머'가 있는 것으로 충분하오."

랜섬이 통역했다.

"그는 당신이 그를 죽이지 않는다면 이 모든 일을 하려는 노력을 멈추지 않겠다고 말합니다. 또 저희에게서 태어나는 생물들에게 어떤 일이 생길지 모르지만, 그 일이 일어나게 하고 싶다고 말합니다."

이제 말을 마친 웨스턴은 본능적으로 앉을 의자를 찾아 두리번거렸다. 지구에서 그는 박수가 터지면 자리에 앉곤 했다. 의자가 없자—그는 드바인처럼 바닥에 주저앉을 사람이 아니었다—그는 팔짱을 끼고, 위엄 있는 눈길로 주변을 응시했다.

오야르사가 말했다.

"그대의 말을 잘 들었다. 그대의 마음이 약할지 몰라도 의지는 내가 생각했던 것보다 나쁘지 않다. 그대가 이 모든 일을 하려는 것은 자신을 위해서가 아니다."

웨스턴은 말라칸드라 말로 당당하게 대답했다.

"그렇소. 나는 죽소. 인간은 살 거요."

"그러나 이 생물들이 다른 세계에서 살기 전에 그대와는 다르게 만들어지리란 것을 알아야 할 것이다."

"그렇소. 맞소. 다 새롭소. 아직은 아무도 모르오. 이상할 거요! 크겠지!"

"그러면 그대가 사랑하는 것은 몸의 형태가 아닌가?"

"그렇소. 그것들의 모양새는 상관없소."

"그렇다면 그대가 신경 쓰는 것이 마음이라고 생각할 테지. 하지만 그럴 리가 없어. 마음을 신경 쓴다면 그대는 어디서 만난 흐나우든 사랑할 테니."

"흐나우에는 관심 없소. 인간만 신경 쓰오."

"하지만 다른 모든 흐나우들의 마음처럼 만들어진 인간의 마음도 아니라면, 그것들을 만드신 말렐딜도 아니겠지? 변화할 몸도 아니고……. 이런 것들에 관심이 없다면, 그대가 말하는 인간이란 무엇인가?"

이 말은 랜섬이 웨스턴에게 통역해 줘야 했다. 말뜻을 이해하자 웨스턴은 대답했다.

"나는 인간한테 …… 우리 종족만 관심이 있고…… 인간이 낳는 것에만 관심 있소……."

그는 랜섬에게 '종족'과 '낳다'라는 어휘를 물어봐야 했다.

오야르사가 말했다.

"이상하군! 그대는 그대 종족을 아무도 사랑하지 않잖는가. 내 손에 랜섬이 죽게 만들려 하지. 그대는 종족의 마음도, 육체도 사랑하지 않아. 반면 현재 인간들의 몸에서 태어나기만 하면 어떤 부류라도 그대의 마음에 들겠지. 뚱뚱한 이여, 내가 보기에 그대가 진정 사랑하는 것은 완성된 생물이 아니라 그 씨 자체야. 남는 것은 그것이니까."

이 말을 알아듣자 웨스턴이 말했다.

"그에게 전하시오. 나는 에둘러 말하지 않겠소. 난 싸구려 논리나 따지자고 여기 온 게 아니오. 그가 사람이 인간다움을 지켜야 되는 것 같은 기본적인 것도 이해하지 못한다면—내 보기에는 당신도 마찬가지인 듯 하오만―나는 그에게 그것을 이해시킬 수 없소."

하지만 랜섬은 이 말을 통역하지 못했다. 오야르사의 목소리가 퍼졌다.

"침묵의 세상 주인이 얼마나 그대를 못쓰게 했는지 이제야 알겠군. 흐나우라면 다 알고 있는 법들이 있지. 연민과 올바른 대접과 수치심 같은 것들. 동족에 대한 사랑도 그 중의 하나인데, 그가 그대에게 이것을 제외한 모든 법을 깨라고 가르쳤군. 동족에 대한 사랑이 그리 대단한 법은 아닌데, 그는 그 법을 어리석은 생각이 되도록 나쁘게 왜곡시켜서 심어 놓았어. 그렇게 나쁘게 만들어 그 법이 그대의 뇌에서 눈먼 오야르사가 되게 한 게지. 해서 이제 그대는 그것에 복종할 수밖에 없지. 우리가 이유를 물어도 그대는 그 이유를 댈 수 없겠지. 그 법이 그대로 하여금 다른 위대한 법들에 불복종하게 하는 이유도 못 대지. 그가 왜 이런 짓을 했는지 아는가?"

"나는 그런 사람은 생각 안 하오……. 나는 현명한 새 사람만 생각하오……. 그 따위 케케묵은 소리는 안 믿소."

"내가 말해 주지. 그가 그대에게 이 법을 심어 준 것은, 망가진 흐나우보다는 나쁜 흐나우가 더 나쁜 짓을 할 수 있기 때문이지. 그는 그대를 나쁘게 구부려 놓았지만, 바닥에 주저앉은 이 마른 자는 아예 망가뜨렸어. 그가 이 자에게 탐욕만 남겨 놓았기 때문이지. 이제 이 자는 말하는 동물에 불과하고, 내 세계에서 동물 정도의 못된 짓밖에 못하지. 그가 내 것이라면 그의 몸을 부술 텐데. 왜냐면 그 속에 있는 흐나우는 이미 죽었으니까. 하지만 그대가 내 것이라면 고치려고 애

205

쓸 테지. 뚱뚱한 자여, 왜 이곳에 왔는지 말해 보라."

"말하겠소. 인간이 영원히 살게 하려고요."

"하지만 그대 세계의 현자들은 말라칸드라가 그쪽 세계보다 늙어서 죽음이 가까웠다는 것을 모를 만큼 무지한가? 이미 거의 다 죽었는데. 내 흐나우들은 한드라미트에서만 산다. 열과 물이 더 많았지만 앞으로 적어질 것이다. 이제 곧 나는 내 세계를 끝내고, 내 흐나우들을 말렐딜에게 돌려줄 것이다."

"그건 나도 충분히 아오. 이건 겨우 첫 번째 시도요. 곧 그들이 계속 다른 세계로 갈 것이오."

"하지만 모든 세계가 죽으리란 것을 모르는가?"

"인간들은 한 세계가 죽기 전에 다른 세계로 휙 넘어가고……. 계속 그렇게 옮길 거요, 알겠소?"

"그래서 모두 죽으면?"

웨스턴은 침묵했다. 한참 후 오야르사가 다시 말했다.

"왜 내 흐나우들은 그들의 세계가 늙었는데도 오래 전에 그대의 세계로 가서 차지하지 않았는지 궁금하지 않은가?"

"하하! 방법을 몰라서지."

웨스턴이 대꾸했다.

"틀렸다. 수백만 년 전, 그대의 세계에 아무것도 살지 않았을 때 내 하란드라에 싸늘한 죽음이 다가오고 있었다. 그때 내가 깊은 고뇌에 잠긴 것은 내 흐나우의 죽음 때문이 아니라—말렐딜은 흐나우를 오래 사는 생물로 만들지 않는다—그대 세계의 주인이 아직 활동하던 때에 내 흐나우들의 마음에 심어 놓은 것들 때문이었다. 그는 그들을 지금의 인간들처럼 만들 수도 있었을 것이다. 동족의 죽음이 가까워지는 것을 알 만큼은 현명하지만 그것을 견딜 만큼 현명하지는 않게 말이지. 곧 그들 사이에서 나쁜 지도자들이 나왔겠지. 그들은 하늘을 나는 배를 충분히 만들 수 있었겠지. 말렐딜은 나를 통해 그들을 막았지. 그중 일부는 내가 고쳤고, 일부는 몸을 해체했지……."

웨스턴이 말꼬리를 잘랐다.

"이제 어찌 돌아가는지 알겠군! 이제 몇 안 되는 당신들이 한드라미트에 갇혀서…… 곧 모두 죽겠군."

"그렇다. 하지만 우린 하란드라에 버려 두고 온 게 있다. 두려움. 두려움과 함께 살해와 반란을 두고 왔지. 내 흐나우는 아무리 약한 자라도 죽음을 두려워하지 않는다. 그대들의 생명을 헛되게 하는 것은 그대 세계의 주인, 악한 자다. 그는 종국에 그대들이 닥칠 일에서 도망치게 함으로써 그대들을 망치지. 그대들이 말렐딜을 따르는 백성이라면 평화를 누리련만."

웨스턴은 말하고 싶지만 언어를 모르는 답답함에 괴로워했다.

"헛소리! 패배주의자의 헛소리!"

그는 영어로 오야르사에게 소리쳤다. 그러더니 몸을 반듯하게 세우며 말라칸드라 말로 덧붙였다.

"당신은 당신네 말렐딜이 다 죽게 한다고 말하지. 다른 자, 즉 악한 자는 싸우지. 달려들고 활기 있지. 말만 해 대지 않는다고. 난 말렐딜은 상관 안 해. 악한 자가 더 마음에 들어. 난 그의 편이라구."

"하지만 모르겠는가, 그는 전혀……."

오야르사는 말을 시작하다가, 마음을 진정하기라도 하려는 듯 말을 끊었다. 그리고 다시 말을 이었다.

"하지만 난 랜섬에게서 그대의 세계에 대해 더 배워야겠군. 밤이 될 때까지 들어야겠어. 난 그대를 죽이지 않겠다. 마른 자도 그냥 두겠다. 그대들은 내 세계 바깥의 사람들이니까. 내일 그대들은 다시 우주선을 타고 가게 될 것이다."

드바인이 갑자기 고개를 푹 숙였다. 그가 영어로 재빨리 말하기 시작했다.

"제발 부탁이에요, 웨스턴. 그를 이해시켜요. 우린 여기서 몇 달 동안 있었어요. 지금 지구는 최단거리에 있지 않다구요. 그에게 그럴 순 없다고 해요. 차라리 당장 우리를 죽이는 편이 낫다고요."

"툴칸드라까지는 얼마나 걸리는가?"

오야르사가 물었다.

랜섬을 통역자로 내세운 웨스턴은 두 행성의 현재 위치에서는 여행이 거의 불가능하다고 설명했다. 그 사이 거리가 수백만 마일이나 늘어났다. 태양으로부터 항로의 각도가 그가 계산한 것과 완전히 다를 터였다. 만에 하나 지구에 도착한다 해도, 그 전에 이미 산소가 바닥날 게 뻔했다.

그가 덧붙였다.

"지금 우리를 죽이라고 전하시오."

"나는 다 알고 있노라. 그대들이 내 세계에 머문다면 나는 그대들을 죽일 수밖에 없다. 말라칸드라에서 그런 생물이 사는 것을 나는 참지 않을 것이다. 그대들이 그대들의 세계에 도착할 확률이 적다는 걸 알지만, 그렇다고 전혀 없는 것은 아니다. 지금부터 내일 낮 사이에 언제 떠날지 선택하라. 한데 내게 말해 보라. 그곳에 도착하려면 시간이 얼마나 필요한가?"

웨스턴은 오랫동안 계산한 끝에 떨리는 소리로, 90일 내로 도착하지 못하면 성공하지 못할 거라고 대답했다. 더욱이 그들은 질식해서 죽을 거라고 했다.

오야르사가 말했다.

"그대들에게 90일이 주어질 것이다. 내 소른들과 피플트리그들이 90일간 필요한 공기와 먹을 것을 줄 것이다. 하지만 그들은 그대의 우주선에 다른 일도 할 것이다. 우주선이 툴칸드라에 도착한다면, 하늘로 돌아가도 난 상관하지 않는다. 그대, 뚱뚱한 자는 그대가 죽인 흐로스들의 몸을 내가 해체할 때 여기 없었다. 몸이 마른 자가 말해 줄 것이다. 나는 시간이나 공간을 뛰어넘는 이런 일을 할 수 있다. 말렐딜이 가르쳐 주었지. 우주선이 올라가기 전, 내 소른들은 그것이 90일째 되는 날 해체되게 만들어 놓을 것이다. 우주선은 이른바 '없는 것'이 될 것이다. 그날을 하늘에서 맞이한다 해도 그대들의 죽음이 그 때문에 더 힘들진 않을 것이다. 하지만 지구에 다다르면 우주선 안에서 꾸물거리지 말라. 이제 두 사람을 데려가라. 얘들아, 그대들은 가고 싶은 곳으로 가라. 하지만 나는 랜섬과 대화를 해야겠다."

2I

오후 내내 랜섬은 홀로 남아서 오야르사의 질문에 대답했다. 랜섬의 요청에 따라 이 대화 내용은 기록하지 않기로 했다. 다만 오야르사는 이런 말로 끝맺었다.

"그대는 하늘 전체에 알려진 것보다도 많은 놀라운 사실들을 내게 가르쳐 주었노라."

그 후 둘은 랜섬의 앞일에 대해 의논했다. 말라칸드라에 남든 지구로 힘든 여행을 떠나든 그는 자유롭게 선택할 수 있었다. 이 문제가 랜섬을 괴롭혔다. 결국 웨스턴, 드바인과 모험을 하기로 했다.

랜섬이 말했다.

"자기 종족에 대한 사랑이 가장 큰 법은 아니지만, 오야르사님은 그것도 법이라고 하셨지요. 툴칸드라에 살 수 없다면, 저로서는 아예 살지 않는 게 나을 겁니다."

오야르사가 대답했다.

"옳게 선택한 게야. 나는 그대에게 두 가지를 말하겠노라. 내 흐나 우들이 우주선에서 낯선 무기들을 다 치울 테지만, 그대에게는 하나를 줄 것이다. 또 깊은 하늘의 엘딜들이 우주선이 툴칸드라의 대기에 이를 때까지 우주선 주위를 맴돌고, 자주 안으로 들어갈 것이다. 그들은 두 사람이 그대를 죽이지 못하게 할 것이다."

그 말을 듣기 전, 랜섬은 웨스턴과 드바인이 음식과 산소를 아끼는 첫 번째 방법으로 그를 죽일 수 있다는 생각을 전혀 못했다. 그는 아둔한 자신에게 놀라면서, 오야르사가 보호해 주는 데 감사했다. 그러자 엘딜의 장(將)인 오야르사는 랜섬에게 이런 말을 했다.

"툴칸드라의 랜섬이여, 그대는 약간의 두려움을 제외하면 악한 죄가 없다. 그러니 그대가 할 여행은 고통일 테고 어쩌면 치유가 될 것이다. 여행이 끝나기 전에 그대는 틀림없이 미치거나 용감해져야 될 테니까. 하지만 나는 그대에게 지시해야겠다. 툴칸드라에 도착하면 그대는 이 웨스턴과 드바인이라는 자를 잘 지켜봐야 한다. 그들이 큰 악을 저지를지 모르고, 그대의 세계를 넘어서도 그럴지 모른다. 그대가 해 준 이야기를 듣고 나는 그곳의 대기로, 악한 자의 근거지로 들어가는 엘딜들이 있음을 알기 시작했다. 그대의 세계는 하늘의 이쪽에서 생각한 것처럼 굳게 닫혀 있지 않다. 이 두 나쁜 자들을 지켜보라. 용기를 내라. 그들과 싸우라. 필요하다면 우리 중 일부가 도울 것이다. 그대를 도와줄 이들을 말렐딜이 보여 줄 것이다. 그대가 여전히 육체에 거하는 동안 나와 그대가 다시 만나게 될지도 모르지. 지금 우리가 만났고 내가 그대의 세계에 대해 많이 배운 것은 말렐딜의 지혜 덕분이니까. 내가 보기에 이것은 하늘과 세계들, 한 세계와 다른 세계를 오가는 일의 시작인 듯싶다. 풍퉁한 자가 소망한 것과는 다르지만. 나는 그대에게 이 말을 해 줄 수 있다. 지금 우리가 있는 이 해는—하늘의 연도는 그대 세계와는 다르지—오래 전에 움직임과 큰 변화의 해로 예언되었고, 툴칸드라가 공격당할 때가 가까워졌을 것이다. 엄청난 일들이 일어나고 있다. 말렐딜이 금하지 않는다면 나는 그런 일들에서 멀리 떨어져 있지 않을 것이다. 그러니 이제 잘 가게."

다음 날 말라칸드라 종족들이 모두 모여든 가운데 세 사람은 힘든 여정에 올랐다. 웨스턴은 밤새 계산을 하느라 수척하고 퀭했다. 목숨이 달리지 않은 상황이더라도 어느 수학자에게나 어려운 계산일 터였다. 드바인은 소란스럽고 부주의한 데다 약간 히스테리를 부렸다. 그는 '원주민'이 술을 마신다는 사실을 알자 하룻밤 사이에 말라칸드라에 대한 견해를 완전히 바꾸었고, 그들에게 담배를 가르치려고까지 했다. 피플트리그들만 담배를 피웠다.

드바인은 웨스턴을 못살게 구는 것으로 심한 두통과 죽음에 대한 두려움을 달랬다. 우주선에서 무기가 치워진 것을 알자 두 사람은 못마땅해했지만, 다른 면으로 보면 그들의 바람대로 다 되었다. 정오에서 반 시간쯤 지났을 때, 랜섬은 마지막으로 파란 물과 보랏빛 숲과 낯익은 한드라미트의 멀리 떨어진 초록색 벽을 한참 동안 바라보았다. 그런 다음 두 사람을 따라 우주선의 문으로 들어갔다. 문이 닫히기 전 웨스턴은 두 사람에게 꼼짝 않고 있어서 공기를 아껴야 한다고 경고했다. 여행하는 동안 불필요한 동작을 해서는 안 되며, 대화까지도 금지해야 했다.

웨스턴이 말했다.

"긴급 상황에만 내가 말하겠소."

"아무튼 다행이지요."

드바인이 마지막으로 말했다. 그들은 자리를 잡았다.

랜섬은 곧장 우주선의 아래쪽으로 갔다. 이제는 거의 완전히 뒤집힌 방으로 들어가서, 나중에 채광창이 될 곳에 자리 잡았다. 우주선이 이미 수천 피트 상공에 있음을 알고 깜짝 놀랐다. 한드라미트가 장밋빛이 나는 하란드라의 표면을 가로지르는 보라색 직선으로만 보였다. 우주선은 한드라미트 두 곳의 접점 위에 있었다. 한 한드라미트는 두말 할 필요 없이 그가 살던 곳이고, 다른 한 곳은 멜딜로른이 있는 곳이었다. 그가 오그레이의 어깨에 앉아서 건넌, 두 곳 사이의 골짜기는 보이지 않았다.

시시각각 더 많은 한드라미트들이 시야에 들어왔다. 긴 직선으로 늘어선 곳도 있고, 평행선인 곳도 있고, 교차하는 곳과 삼각형을 이루는 곳도 있었다. 풍경은 점점 기하학적으로 변해 갔다. 완전히 평편해 보이는 보라색 줄들 사이에 황무지가 있었다. 돌로 변한 장밋빛 숲이 바로 아래로 보였다. 하지만 소른들에게 말로만 들은, 북동쪽으로 펼쳐진 거대한 사막은 노란색과 황토색이 광대하게 펼쳐진 것처럼 보였다. 서쪽으로는 커다란 얼룩이 보이기 시작했다. 주위의 하란드라보다 주저앉은 것처럼 보이는 청록색 땅이 불규칙하게 뻗어 있었다. 랜섬은 이곳이 피플트리기의 숲 저지대라고 결론지었다. 그게 아니면 비슷한 땅들이 사방으로 뻗은 것으로 봐서 숲 저지대들 중 한 곳일 터였다. 그 중 일부는 한드라미트들의 교차로에 있는 작은 덩어리에 불과했고, 일부는 어마어마하게 뻗어 있었다. 그는 말라칸드라에 대한 지식이 보잘것없고 변죽일 뿐이며 편협했음을 확실히 알게 되었다. 어느 소른이 4천만 마일을 날아 지구에 와서 워딩과 브라이튼 사이에서 머문 것과 같은 격이었다.

그는 살아서 돌아간다 해도 놀라운 여행에 대해 말할 게 별로 없으리란 것을 깨달았다. 약간의 언어와 몇 가지 풍경, 반쯤 이해한 물리학이 고작이었다. 여행자라면 들고 와야 할 통계 수치도, 역사도, 외계의 여건에 대한 폭넓은 조사 내용도 없었다. 예를 들면 그 한드라미트들이 그랬다. 이제 높이 떠오른 우주선에서 기하학적인 지형을 보자니, 처음에 그것들을 천연의 골짜기들로 봤던 것이 부끄러웠다. 그가 몰랐던 어마어마한 설계와 공학의 위업이었고, 모든 게 사실이라면 인간의 역사가 시작되기 전에 이루어진 일이었다…… 동물의 역사가 시작되기 전에. 아니면 그것은 신화에 불과할까? 지구에 돌아가면(돌아가게 된다면) 신화 같으리라는 것을 그도 알았지만, 오야르사의 존재감이 아직도 기억에 새로워서 의심이 들지 않았다. 역사와 신화를 구분하는 것이 지구 밖에서는 무의미하다는 생각이 스치기도 했다.

그런 생각이 당황스러워서 우주선 아래의 풍경으로 눈을 돌렸다.

시시각각 풍경의 면모는 사라지고 도형 같은 느낌이 강해졌다. 이즈음 동쪽으로 지금까지 본 것보다 훨씬 크고 짙은 얼룩이 불그스름한 황토색 말라칸드라로 밀고 들어왔다. 길쭉한 팔인지 뿔인지가 달린 이상스런 모양이 양쪽으로 뻗쳐, 그 사이에 오목한 부분이 생겼다. 꼭 초승달의 움푹한 부분 같았다. 그것이 점점 커졌다. 행성 전체를 빨아들일 듯이 검은 양팔이 펼쳐졌다. 갑자기 이 검은 덩어리의 가운데 있는 환하게 빛나는 부분이 눈에 들어오자, 랜섬은 이것이 행성의 표면을 덮은 덩어리가 아니라 행성 뒤쪽에 보이는 검은 하늘이라는 것을 알았다. 매끈한 굴곡은 행성 표면의 테두리였다. 이것을 알자 출발한 후 처음으로 두려움에 휩싸였다. 느리지만, 식별할 수 있을 정도의 속도로 빛나는 원형 위로 검은 팔들이 길어져서 결국 양팔이 만났다. 암흑 속에서 원형 표면이 통째로 앞에 있었다. 오래 전부터 유성체의 희미한 진동음이 들렸고, 랜섬이 내다보는 창문은 이제 그의 아래쪽에 있지 않았다. 팔다리가 이미 가뿐해졌지만 너무 뻣뻣해서 움직일 수 없었고 몹시 허기졌다. 그는 손목시계를 보았다. 마법에 걸린 듯 그 자리에서 여덟 시간이나 있었다.

랜섬은 우주선의 태양 쪽 방향으로 힘들게 걷다가, 강렬한 빛에 눈이 부셔서 물러났다. 전에 쓰던 방에 들어가 얼른 검은 안경과 음식과 물을 챙겼다. 웨스턴은 물과 음식을 엄격히 제한하여 나누어 놓았다. 랜섬이 조종실 문을 열고 안을 들여다보았다. 웨스턴과 드바인은 근심스런 표정으로 철제 테이블 앞에 앉아 있었다. 테이블에는 가만히 진동하는 도구들이 잔뜩 있었는데, 주로 수정과 철사로 만든 것이었다. 둘 다 랜섬을 알은체하지 않았다. 침묵의 여행이 끝날 때까지 그는 우주선을 누볐다.

어두운 쪽으로 돌아오자, 별이 총총한 하늘에서 말라칸드라가 지구에서 보는 달만 하게 보였다. 색깔은 여전히 보였다. 불그레한 노란 원형에 청록색 얼룩이 있고 양극은 희었다. 랜섬은 작은 말라칸드라의 달 두 개를 보면서—움직임을 분명히 느낄 수 있었다—그 달 또한 그가 거기서 지내면서 몰랐던 수천 가지 중 하나라는 생각을 했다. 잠들었다가 깨어나니 둥근 모양의 것이 여전히 하늘에 걸려 있었다. 이제 지구에서 본 달보다 작았다. 행성의 빛으로 희미해 보이는 붉은 기운을 빼면 색이 없었고, 그 빛도 이제는 주변의 무수한 별빛 정도로 약했다. 이제 그것은 말라칸드라가 아니었다. 그저 화성일 뿐이었다.

그는 이내 오랜 습관으로 돌아가서 잠을 자고 볕을 쬐다가, 짬짬이 말라칸드라어 사전을 만들기 위해 메모를 했다. 새로 얻은 지식을 사람들에게 전할 가능성이 거의 없다는 것을 알았다. 우주의 심연에서 기록되지 않은 죽음으로 모험이 끝날 터였다. 하지만 이미 그것을 '우주'로 생각하는 것은 불가능해져 버렸다. 몇 번인가 오싹한 공포가 느껴졌지만 그 시간이 짧아졌고, 이내 경외감에 휩싸여 개인의 운명 따위는 사소해 보였다.

랜섬은 자신들을 죽음의 심연을 지나는 생명의 섬으로 느낄 수가 없었다. 오히려 그 반대였다. 그들이 탄 쇠붙이 달걀 껍질 바깥에 생명이 기다리는 것 같았다. 생명이 언제든 안으로 들어올 준비가 된 것 같았고, 그것이 그들을 죽인다 해도 넘치는 활기 때문일 것 같았다. 그는 그들이 죽는다면 우주선 안에서 질식해서가 아니라 '해체'를 통해서이기를 간절히 바랐다. 풀려나는 것, 자유로워지는 것, 영원한 한낮의 바다로 녹아드는 것이 지구 귀환보다 바람직한 성취의 순간일 듯했다. 처음 지구를 떠나 창공을 날면서 마음이 가벼워지는 느낌을 받았다면, 지금은 그 기분이 열 배나 강했다. 그 심연에 문자 그대로 생명체가 가득하다고 확신하기 때문이었다. 살아 움직이는 것들이 넘쳐 났다.

여행이 계속되면서 엘딜들이 함께하리라는 오야르사의 말의 신빙성이 없어지지 않고 오히려 커졌다. 랜섬의 눈에 엘딜들이 보이지는 않았다. 우주선이 강렬한 빛 속에서 움직이기 때문에, 순간적인 변화로 엘딜들의 모습이 드러날 수가 없었다. 하지만 그는 온갖 섬세한 소리나 소리에 가까운 진동을 들었다. 혹은 듣는다고 생각했다. 그 소리는 유성이 쏟아지는 소리와 섞였고, 우주선 내부에서도 보이지 않는 존재가 자주 느껴졌다. 그의 목숨을 대수롭지 않게 만드는 게 바로 그것이었다. 랜섬과 인류는 이 가늠할 수 없는 충만을 배경으로 한 작고 덧없는 존재였다. 우주의 진짜 주민들, 그들의 광활한 땅, 알 수 없이 긴 그들의 과거가 머릿속을 맴돌았다. 하지만 마음은 어느 때보다도 안정적이었다.

정말 어려운 여정이 시작되기 전에 이런 마음 상태에 이른 것이 랜섬으로서는 다행이었다. 말라칸드라를 떠난 후로 온도가 꾸준히 높아져서, 이제는 지구에서 올 때보다도 훨씬 높았다. 계속 온도가 상승했다. 빛도 강해졌다. 안경을 쓴 랜섬은 습관적으로 눈을 꼭 감고, 필요한 동작을 할 때만 잠깐 눈을 떴다. 지구에 도착한다 해도, 눈이 영영 상하리란 것을 그는 알고 있었다. 하지만 이 모든 것은 열기의 괴로움에 비하면 아무것도 아니었다. 세 사람은 하루 24시간 내내 깨어서, 동공이 열리고 입술이 까맣게 타는 것을 견뎠다. 갈증으로 생긴 거품이 뺨에 얼룩졌다. 알량한 물 배급을 늘리는 것은 미친 짓이었다. 의문점을 토론해서 공기를 소모하는 것도 마찬가지였다.

그는 무슨 일이 벌어지는지 잘 알았다. 웨스턴은 마지막으로 목숨을 걸고 지구의 궤도 안으로 진입했다. 어떤 인간, 아니, 생명체도 그들보다 태양에 가까이 간 적은 없었다. 이것은 피할 수 없는 일이었을 것이다. 정해진 코스를 도는 지구를 쫓아갈 수는 없는 노릇이었다. 그들이 지구와 만나려면 지름길로 들어가야 하는데……그것은 미친 짓이었다! 하지만 랜섬은 그 문제는 별로 생각하지 않았다. 갈증 외에는 아무것도 오래 생각할 수 없었다. 물 생각, 그러다가 갈증에 대한 생각, 그 다음에는 갈증을 생각하는 것에 대한 생각, 다시 물 생각. 여전히 온도는 높아졌다. 우주선의 벽면은 너무 뜨거워서 만질 수가 없었다. 재앙이 다가오고 있음이 분명했다. 앞으로 몇 시간 후면 열기에 죽거나 열기가 덜해질 터였다.

열기가 줄었다. 아직 지구의 기온보다 높기는 했지만 그들이 지쳐서 한기를 느끼며 눕는 때가 왔다. 지금까지 웨스턴은 성공을 거둔 셈이었다. 그는 이론적으로 인간이 살 수 있는 최고의 온도에 접근하는 모험을 했고, 그들은 견디고 살아 있었다. 하지만 예전 같지가 않았다. 지금껏 웨스턴은 비번인 때조차도 거의 자지 않았다. 한 시간쯤 불편하게 쉬고는 늘 지도를 보면서 끝없이 절망적인 계산을 했다. 그가 절망과 싸우는 모습이 훤히 보였다. 공포에 사로잡힌 머리를 다독이고 또 다독이며 숫자에 몰두했다. 이제 그는 지도를 보지 않았다. 조종실에 있을 때 부주의해 보이기까지 했다. 드바인은 몽유병자처럼 행동했고 그렇게 보였다. 랜섬은 점점 더 어두운 곳에서 지냈고, 오래도록 아무 생각도 안 했다. 첫 큰 위험이 지나갔지만 이제는 누구도 여정이 성공하리라는 희망을 갖지 않았다. 그들은 이 철제 껍데기 속에서 대화 없이 50일을 보냈다. 이미 공기 상태가 아주 안 좋았다.

웨스턴은 예전과 달리 랜섬에게도 조종석을 맡겼다. 웨스턴은 주로 몸짓과 몇 마디 속삭임으로 이 단계에서 필요한 모든 것을 가르쳐주었다. 그들은 넓은 지역에 부는 '무역풍'을 맞으며 집으로 달려가고 있었다. 하지만 시간에 맞춰 도착할 가능성은 거의 없었다. 랜섬은 웨스턴이 손짓한 별이 계속 채광창 가운데 오도록 짐작으로 조종했지만, 왼손은 웨스턴의 방과 연결된 벨에서 떼지 않았다.

이 별이 지구는 아니었다. 58일—하루가 순전히 이론적인 시간이었지만 그들에게는 절박한 의미였다—이 지난 후 웨스턴은 항로를 바꾸었다. 이제 채광창의 중앙에 다른 별이 있었다. 60일이 지나자 별은 행성처럼 보였다. 66일이 되자 쌍안경으로 보는 행성과 비슷해졌다. 70일이 되자 랜섬이 생전 처음 보는 모양으로 변했다. 약간 빛나는 원은 행성이라기에는 너무 컸고 달이라고 하기에는 너무 작았다. 이제 우주선을 조종하자, 천상을 나는 듯한 기분은 사라졌다. 생존을 향한 원시적이고 동물적인 갈증과 지구의 공기와 풍경과 냄새에 대한 향수병이 더해져서 그를 흔들었다. 풀, 쇠고기, 맥주, 홍차, 인간의 목소리도 그리웠다. 처음에는 졸음을 쫓는 게 가장 힘들었지만, 이제는 공기 사정이 더 나빠졌는데도 흥분감 때문에 정신을 차렸다. 가끔 비번일 때는 오른팔이 뻣뻣하고 욱신거렸다. 몇 시간이나 무의식적으로 오른손을 조종석 계기판에 대고 있었으니 그럴 만도 했다. 그러면 우주선이 더 빠른 속도로 날기라도 할 것처럼.

이제 20일 남았다. 19일, 18일. 이제 6펜스짜리 동전보다 조금 큰 흰 원에서 랜섬은 호주를 분간할 수 있다고 생각했다. 아시아의 동남쪽 구석도 보였다. 지구의 자전 때문에 지점들이 원에서 천천히 움직이기는 했지만, 시간이 지나면서 원 자체는 더 커지지 않았다.

"어서! 어서!"

랜섬이 우주선에게 중얼댔다. 이제 열흘 남았다. 원은 달 같았다. 어찌나 환한지 그들은 계속 바라볼 수가 없었다. 좁은 공간의 공기는 걱정될 정도로 희박해졌지만, 랜섬과 드바인은 교대할 때 속삭이는 모험을 감행했다.

그들은 말했다.

"우리는 해낼 거야. 해낼 거야."

87일째 되는 날, 드바인과 교대해서 조종석에 앉은 랜섬은 '지구가 뭔가 이상하다'는 생각을 했다. 불침번이 끝나기 전에 이 생각은 더욱 뚜렷해졌다. 이제 지구는 원이 아니라 한쪽이 약간 튀어나온 서양배 모양이었다. 교대 근무하러 온 웨스턴은 채광창을 힐긋 보더니 마구 벨을 울려 대며 드바인을 불렀다. 그는 랜섬을 밀치고 조종석에 앉았다. 그의 얼굴이 납빛으로 변했다. 웨스턴은 조종간을 어떻게 해 볼 기세였지만, 드바인이 들어오자 고개를 들고 어깨를 으쓱하며 절망적인 몸짓을 보였다. 그러더니 양손에 얼굴을 묻고, 계기판에 고개를 묻었다.

랜섬과 드바인이 서로 눈짓하며 웨스턴을 조종석에서 나오게 하고—그는 아이처럼 울었다—드바인이 대신 앉았다. 마침내 랜섬은 '지구가 튀어나온 수수께끼'를 이해했다. 불룩해 보이던 것은 다른 원임이 점점 분명하게 드러났다. 지구와 거의 같은 크기였다. 그것이 지구의 절반 이상을 덮고 있었다. 달이었다. 우주선과 지구 사이에 달이 있었다. 24만 마일 더 가깝게. 랜섬은 이것이 우주선에게 어떤 운명을 안겨줄지 이해하지 못했다.

드바인은 상황을 아는 눈치였지만 반기는 기색이 아니었다. 그의 얼굴도 웨스턴 못지않게 창백해졌지만, 눈빛은 맑고 신비로울 만치 빛났다. 그는 뛰어들려는 동물처럼 조종석에 웅크리고 앉아서, 아주 조용히 휘파람을 불었다.

몇 시간 뒤 랜섬은 무슨 일이 벌어지는지 알아차렸다. 달의 원 표면이 지구의 원 표면보다 넓어졌다가, 아주 차츰차츰 두 원 표면의 크기가 작아지는 것 같았다. 우주선은 지구나 달에 다가가지 않았다. 그것들과의 거리가 반 시간 전보다 멀어졌는데, 그것은 드바인이 조종간을 부지런히 움직였다는 뜻이기도 했다. 달이 그들의 항로를 지나면서 지구로 가는 길을 가로막기 때문이 아니었다. 무슨 이유인 지—아마도 중력 때문에—달에 너무 가까이 접근하는 것은 위험해서 드바인은 우주로 물러나고 있었다. 항구를 보면서도 망망대해로 돌아가야 하는 꼴이었다. 그는 크로노미터(정밀한 경도 측정용 시계—옮긴이)를 힐끗 올려다보았다. 88일째 아침이었다. 지구까지는 이틀 남았는데 그들은 지구에서 물러나고 있었다.

"우리가 이렇게 끝나게 되나?"

랜섬이 속삭였다.

"그렇겠지."

드바인이 돌아보지도 않고 대꾸했다. 웨스턴은 곧 마음을 가라앉히고 돌아와서 드바인 곁에 섰다. 랜섬이 할 일은 없었다. 이제 그는 곧 죽을 거라고 확신했다. 그런 생각이 드니까 불안에 따른 괴로움이 갑자기 사라졌다. 지금 맞이할지 지구에서 30년 후에 맞이할지는 알 수 없지만 죽음에 대한 생각이 솟구쳐 그의 마음을 사로잡았다. 사람은 준비하고 싶은 것들이 있는 법이다. 그는 조종실을 떠나 태양 쪽에 있는, 움직임이 없는 빛과 따스함, 고요와 또렷한 그림자가 있는 방으로 갔다. 원래는 잘 마음은 전혀 없었다. 지친 분위기가 사람을 졸리게 하는 모양이었다. 랜섬은 잠들었다.

칠흑 같은 어둠 속에서 계속 소란스런 소리가 나서 깼다. 처음에는 무슨 소리인지 분간하지 못했다. 그 소리는 뭔가를 연상시켰다. 예전에 들어 본 것 같은 소리. 그것은 머리 위에서 뭔가가 두드려 대는 소리였다. 갑자기 그의 가슴이 마구 뛰었다.

"오 하나님. 세상에! 비잖아."

랜섬은 흐느꼈다.

지구에 와 있었다. 주변 공기는 무겁고 퀴퀴했지만, 숨을 조이는 답답함은 사라졌다. 그는 여태 우주선에 있다는 것을 알아차렸다. 나머지 둘은 우주선이 '해체'될까 봐 겁나서, 지구에 도착하기 무섭게 우주선에서 내렸다. 랜섬은 운명에 맡기고 둘만 빠져나갔으니, 과연 그들다운 짓이었다. 어둠 속인데다 중력으로 짓눌리는 무게감 때문에 밖으로 나가는 길을 찾기가 어려웠다. 하지만 어렵사리 해냈다. 랜섬은 출구 쪽으로 나가서 공기를 한껏 마셨다. 그리고 우주선 밖으로 내려섰다. 진흙탕에서 미끄러지니 흙냄새가 물씬 풍겼다. 마침내 체중에 익숙해져서 똑바로 설 수 있었다. 그는 칠흑 같은 어둠 속에서 쏟아지는 비를 맞으며 서 있었다. 온몸의 구멍으로 비를 흡수했다. 주변 들판의 냄새를 마음껏 빨아들였다. 고향인 행성의 한 구석, 풀이 자라는 곳, 젖소 떼가 어슬렁거리는 곳이었다. 곧 그는 생울타리와 대문에 닿을 터였다.

반 시간쯤 걸었을 때 뒤쪽에서 환한 불빛이 보이고 일순간 강풍이 불자, 랜섬은 우주선이 없어진 것을 알았다. 별로 신경이 쓰이지 않았다. 앞쪽에서 흐릿한 빛이 보였다. 사람들의 빛이었다. 비틀비틀 걸어서 좁은 길을 걷다가 도로로 접어든 다음, 마을 거리로 들어섰다. 불이 켜진 문이 열렸다. 안에서 사람들의 말소리가 새어 나왔다. 그들은 영어로 말했다. 익숙한 냄새가 풍겼다. 랜섬은 사람들이 놀랄 텐데도 불쑥 안으로 들어갔다. 그는 곧장 카운터로 향했다.

"맥주 한 잔 주시오."

랜섬이 말했다.

22

순전히 문학적인 면만 보면 이쯤에서 내 이야기는 끝나야겠지만, 이제 가면을 벗고 독자들께 이 책을 쓴 진짜 목적을 알릴 때가 되었다. 이 책을 집필할 수 있었던 경위도 밝히겠다.

랜섬 박사는—이제는 그 이름이 실명이 아님을 알 것이다—말라칸드라어 사전을 만들고 자신의 경험담을 세상에 알리겠다는 생각을 곧바로 접었다. 그는 몇 달간 앓았는데, 회복하고 나서는 그의 기억이 실제로 일어났던 일인지 의심까지 들었다. 병치레를 하면서 생긴 환상처럼 보였고, 모험담의 대부분은 정신분석학적으로 설명될 수도 있을 듯했지만, 랜섬 자신은 이런 점에는 크게 무게를 두지 않았다. 이 세계의 동식물 중 '실제적'인 것들도 그것들이 환상이라는 가정에서 출발하면 그렇게 보일 수 있음을 오래 전에 알았기 때문이었다. 하지만 그가 본인의 경험담을 의심한다면, 세상은 그것을 완전히 불

225

신하리라고 느꼈다. 랜섬은 입을 다물기로 했고, 아주 묘한 우연의 일치가 없었다면 그 문제는 조용히 묻혔을 터였다.

내가 이야기에 끼어드는 게 이 시점이다. 나는 몇 해 전부터 랜섬 박사를 알았는데, 만나지 않고 편지로 문학과 언어학 문제를 토론했다. 그러므로 몇 달 전 내가 편지에서 그 이야기를 꺼낸 것은 아주 자연스런 일이었다. 그 대목을 적어 보겠다. 이런 내용이다.

요즘 저는 12세기의 플라톤학파에 대해 연구하던 중 그들이 무척 어려운 라틴어로 글을 썼음을 우연히 알게 되었습니다. 그 중 한 사람인 베르나르 실베스트리(12세기 프랑스의 플라톤학파 철학자—옮긴이)의 글에 특히 선생님의 견해를 들었으면 하는 말이 있습니다. 오야르세스*Oyarses*란 어휘입니다. 창공을 지나는 여행을 묘사하는 대목에서 나타나며, 오야르세스는 '지성' 혹은 천상계의(즉 우리 언어로는 어느 행성의) 수호 영으로 묘사됩니다. 제가 씨제이(옥스퍼드의 철학자이자 신학자인 C. C. J. 웹을 뜻함—옮긴이)에게 그 어휘에 대해 물었지만, 그는 우시아르케스*Ousiarches*(그리스어로 '초월적인 존재'라는 뜻—옮긴이)일 거라고 말합니다. 물론 그것도 납득이 되는 견해지만 저는 만족스럽지 않습니다. 혹시 '오야르세스' 같은 어휘를 본 적이 있으신지요? 혹은 어떤 언어일지 추측해 보실 수 있겠습니까?

랜섬 박사는 즉시 이 편지의 답장으로 주말을 같이 보내자는 초대를 했다. 그는 내게 사연을 모두 들려주었고, 이후 우리는 계속 이 미스터리에 함께 매달렸다. 우리는 당분간 출판하여 밝힐 의향이 없는 여러 사실들을 알게 되었다. 일반적인 행성들, 특히 화성에 대한 사실들, 중세 플라톤학파에 대한 사실들, 내가 웨스턴이라는 가명으로 표기한 교수에 대한 (제법 중요한) 사실들이 파악되었다. 물론 문명 세계에 이런 사실들에 대한 체계적인 보고를 할 수도 있지만, 그러면 세상 사람들은 믿지 않을 것이고 웨스턴은 비난을 퍼부을 것이다. 그러나 우리 둘 다 가만히 있을 수는 없는 노릇이었다. 우리는 현재의 '천상의 해Celestial year'가 큰 변화를 가져오는 해일 거라는 화성의 '오야르세스'의 말이 옳다고 점점 더 확신하게 된다. 또 그는 우리 행성이 오랜 고립에서 벗어날 것이며, 엄청난 일들이 벌어지려 하고 있다고 말했다. 우리는 중세 플라톤학파 사람들이 우리와 같은 천상의 해에 산 거라고—사실 우리 연대의 12세기에 시작되었다—믿을 만한 이유를 찾아냈다. 베르나르 실베스트리의 글에서 오야르사('오야르세스'로 라틴어화)가 나오는 것이 우연이 아니라고 믿을 만한 이유도 알아냈다. '웨스턴'이나 '웨스턴'의 배후 세력(혹은 세력들)이 다음 몇 세기 동안 일어날 일들에 중요한 역할을 하리라는 증거도 확보했다. 증거가 나날이 늘어난다. 그들을 막지 않으면 큰 재앙을 부르게 될 것이다. 그들이 화성을 침략할 것이라는 말은 아니다. 우리의 외침은 단순히 '말라칸드라에서 손을 떼라'는 것이 아니다. 행성이 아닌 우주, 적어도 태양계에서 일으킬 위험한 일들이 두렵다. 그 위험한 일들은 일시적이지 않고 영원히 계속된다. 이 이상 말하는 것은 현명하지 못할 것이다.

이것을 아무도 사실로 듣지 않게 하는 유일한 방법이 소설 형태로 출간하는 것이라는 의견을 낸 사람은 랜섬 박사였다. 그는—내 글재주를 무척 과대평가해서—이 이야기가 폭넓은 대중에게 전파되는 장점이 있을 거라는 생각까지 했다. '웨스턴' 부류보다 아주 많은 사람이 먼저 접할 거라고 보았다. 소설로 받아들여지면 그 때문에 허구로 간주될 거라며 내가 반대하자, 랜섬 박사는 현재 그 문제에 더 파고들 준비가 된, 극소수의 독자가 내용 중에서 사실을 충분히 알아챌 거라고 대답했다.

그가 말했다.

"또 그들은 당신이나 나를 쉽게 알아볼 것이고, 웨스턴도 누구인지 금방 짚어 낼 겁니다. 아무튼 당장 우리에게 필요한 것은 믿음의 집단이 아니라 어떤 개념에 익숙한 사람들의 집단이지요. 우리가 독자 중 1퍼센트만이라도 우주라는 개념을 천국이라는 개념으로 바꾸게 할 수 있다면, 발판은 마련하는 셈일 겁니다."

사건들이 급속히 전개됨에 따라 책이 출판될 무렵에는 이미 시대에 뒤처지게 되리란 것을 우리는 예견하지 못했다. 이 사건들은 완결된 이야기라기보다 전체 이야기의 서문에 불과하다. 하지만 우리는 책을 그대로 내야 한다. 모험의 더 뒷부분에 대해 말하자면 "그건 또 다른 이야기다." 이 말은 키플링(1865~1936, 영국의 시인, 아동 문학가. 《정글북》을 씀—옮긴이)보다 훨씬 전에 아리스토텔레스가 우리에게 가르쳐 준 말이다.

후기

'랜섬 박사'가 필자에게 보낸 편지 원본에서 발췌한 글

…… 당신 말이 맞습니다. 두세 차례 수정(붉은 표시로 되어 있음)으로 원고가 괜찮아지겠지요. 실망스럽다는 것은 부인하지 않겠습니다만, 그런 이야기를 하려는 마당이니 실제 거기 가 본 사람이야 실망할 수밖에 없겠지요. 당신이 언어학적인 부분을 가차 없이 삭제한 점을 말하는 것은 아닙니다. 현재 원고에서 우리는 독자들에게 말라칸드라어의 맛을 보여 주기는 하니까요. 내가 실망한 점은 더 어려운 것, 다시 말해 내가 표현할 수 없었던 것 때문입니다. 말라칸드라의 냄새를 어떻게 '이해'시키겠습니까? 꿈속에서 무엇보다 생생하게 그 냄새를 맡습니다. 특히 보랏빛 숲의 이른 아침 냄새를……. '이른 아침'과 '숲'이라는 말을 하면 오해를 낳기 쉽습니다. 그 어휘가 흙, 이끼, 거미집, 우리 지구의 냄새를 연상시킬 테니까요. 하지만 내가 생각하는 것은 완전히 다릅니다. 더 '향이 짙고'…… 그렇긴 하지만, 이 어휘에

깔린 뜻처럼 덥거나 화려하거나 이국적인 느낌이 아닙니다. 향기롭고 톡 쏘지만 아주 차갑고 아주 얇고, 코 뒤쪽에서 살랑대는 느낌이지요. 예를 들면, 바이올린의 날카로운 고음이 귀에 닿는 느낌 그대로가 냄새로 느껴지는 겁니다. 그와 함께 늘 노랫소리를 듣습니다. 수많은 목구멍에서 나오는 깊은 울림이 있는 사냥개 소리 같다고 할까요. 찰리아핀Peodor Chaliapin(1873~1938, 러시아의 오페라 가수—옮긴이)보다 깊은 소리, '따스하고 짙은 소음'이지요. 그 생각을 하면 말라칸드라의 계곡에 대한 향수병이 생깁니다. 하지만 그곳에서 그 소리를 들었을 때 지구의 소리를 몹시 그리워했다는 것은 하나님이 아시지요.

물론 당신이 옳습니다. 이것을 소설화하자면, '아무 일도 일어나지 않은' 마을에서 보낸 기간을 간략히 다루어야 합니다. 하지만 나는 그러기 싫습니다. 그 조용한 몇 주간, 흐로스들 속에서 사는 것이 내게 일어난 가장 큰 일입니다. 나는 그들을 압니다, 루이스. 당신이 소설에 담지 못하는 것이 바로 그 부분입니다. 예컨대 나는 휴가 떠날 때 늘 온도계를 갖고 가므로(여러 차례 덕을 봤지요) 흐로스의 정상 체온이 39.5도임을 압니다. 또 그들이 화성의 80년, 즉 지구의 160년을 사는 것을 압니다. 그걸 배운 기억은 없지만 말입니다. 또 그들이 20세(=40세) 쯤에 결혼하는 것도 압니다. 그들은 말처럼 변을 보지만 자신들이나 내게 불쾌하지 않다는 것도 압니다. 또 그들은 농업에 익숙하고, 눈물을 흘리거나 눈을 깜빡거리지 않습니다. 그들은 (우리 식으로 말해) '들뜨기'도 하지만 잔칫날—그들은 잔치를 많이 합니다—밤에 취하지 않습니다. 하지만 이런 정보들을 어찌할 수 있겠습니까? 나는 말로 옮길 수 없는 살아 있는 기억들에서 그것들을 분석할 뿐이고, 이 세상 사람 누구도 그런 단편들로 제대로 된 그림을 그릴 수 없을 텐데요. 예를 들면, 모든 질문은 제쳐 두고라도 말라칸드라 인들이 애완동물을 기르지 않고, 그들이 '하등 동물'에게 느끼는 감정이 우리와 다른 이유를 내가 어떻게 아는지, 그걸 어찌 당신께 이해시키겠습니까? 당연히 이건 그들이 내게 말해 줄 수 없었을 만한 것입니다. 세 종족이 함께 있는 광경을 보기만 하면 그 이유를 알게 됩니다. 각 종족에게 다른 종족들은 우리에게 인간과 같으면서 동물과도 같은 존재입니다. 그들은 서로 대화하고 도울 수 있으며, 같은 도덕관을 지녔습니다. 소른과 흐로스는 그 정도까지는 두 인간처럼 만납니다. 하지만 그들은 상대가 다르고 재미있다고 느끼며 동물에게 끌리듯 끌림을 느낍니다. 우리 내면에 부족하기에 갈망하는 본능, 즉 비이성적인 생물들을 이성적인 것처럼 대하면서 달래려 애쓰는 본능이 말라칸드라에서는 만족되는 것입니다. 그들에게는 애완동물이 필요 없습니다.

종족 이야기가 나왔으니 말인데, 소설의 긴급한 상황이 생물학적인 면을 지나치게 단순화한 것이 아쉽습니다. 내가 세 종족이 완전한 동종이라는 인상을 주었나요? 그렇다면 내가 당신을 오도했습니다. 흐로스들을 봅시다. 내 친구들은 검은 흐로스들이었지만, 은빛 흐로스들도 있습니다. 서쪽의 한드라미트 일부에는 머리에 볏이 있는 흐로스도 있는데 키는 3미터쯤이고, 가수보다는 무용수에 가까우며, 내가 본 바로는 인간에 버금가는 존귀한 동물입니다. 수컷들만 볏이 있습니다. 또 멜딜로른에서 순백의 흐로스도 봤지만, 아둔하게도 그가 하위 종족 혹은 지구의 알비노(백변종)처럼 돌연변이체에 불과한지 알아내지 못했습니다. 또 내가 본 소른 부류 외에 적어도 한 종의 소른이 더 있습니다. 소로보른*Soroborn*, 즉 사막의 붉은 소른은 모래가 많은 북쪽에서 살고, 어느 모로나 대단합니다.

피플트리그들의 주거지를 보지 못해 아쉽다는 데는 동의합니다. 소설 속의 한 에피소드로 그들을 찾아갔다고 '위장'할 수 있을 만큼 그들에 대해 잘 압니다. 하지만 우리가 단순한 허구를 소개하면 안 될 듯합니다. '본질은 사실'이란 말이 지구에서는 그럴 듯하지만, 내가 그것을 오야르사에게 설명하는 것은 상상도 할 수 없고, 그의 최후에 대해 들었는지는 매우 의심스럽습니다(제 최근의 편지를 보십시오). 아무튼 우리 '독자들'(당신은 그들에 대해 기가 막히게 많이 아는 듯합니다!)이 그 언어에 대해 어떤 말도 듣지 않겠다고 단단히 마음먹는다면, 왜 피플트리그들에 대해 더 알려고 노심초사하겠습니까? 하지만 그들에 대해 더 설명한다면, 물론 그들이 난생卵生이며 모권사회적이고, 다른 종족에 비해 수명이 짧다고 설명해도 해가 안 될 겁니다. 그들이 사는 움푹 꺼진 땅은 말라칸드라의 옛 바다의 밑바닥임이 분명합니다. 피플트리기를 방문했던 흐로스들은 깊은 숲으로 들어가 모래밭을 지나니 위쪽에 '고대 천공穿孔동물의 뼈돌(화석)'이 있었다고 설명하더군요. 틀림없이 이것은 지구에서 보이는 화성의 어두운 부분들일 겁니다. 또 이 말을 하려니, 돌아와서 찾아 본 화성의 '지도들'이 서로 달라서 내가 지낸 한드라미트를 파악하려는 시도를 포기한 일이 떠오르는군요. 직접 알아보려거든 '적도에서 32킬로미터쯤 떨어진 북쪽과 남쪽의 운하를 가로지르는 북동쪽과 남서쪽 운하라는 점을 참고하시기 바랍니다. 하지만 천문학자들이 관찰한 내용이 워낙 서로 다릅니다.

이제 당신이 가장 신경 쓰는 질문에 대해서입니다. '오그레이는 엘딜들을 설명할 때 더 섬세한 몸과 우월한 존재라는 개념을 혼동했는가?' 아닙니다. 혼동은 바로 당신이 하고 있습니다. 오그레이는 두 가지를 말했습니다. 엘딜들은 행성의 동물들과는 몸이 다르다고 했고, 그들은 지적인 면에서 우월하다고 했지요. 오그레이도, 말라칸드라의 다른 이들도 그 두 가지를 혼동하거나 하나에서 다른 것을 추론하지 않았습니다. 사실 엘딜 같은 몸을 가진 비이성적인 동물들도 있다고 생각할 만한 이유가 있긴 합니다. 초서의 '하늘의 동물들'(14세기 영국 작가 초서의 《명성의 집》에 나오는 대목—옮긴이)을 기억하겠지요?

엘딜이 말하는 문제에 대해 아무런 언급도 하지 않는 것이 현명한 일인지 궁금합니다. 멜딜로른의 장면에서 그 문제를 제기하는 것이 서술을 망친다는 데는 동의합니다. 하지만 숨 쉬지 않는 엘딜들이 어떻게 말할 수 있는지 궁금해하는 독자가 많을 겁니다. 우리가 모른다고 인정해야 하는 것도 사실이지만, 독자들이 들어야 하지 않을까요? 내가 이곳에서 신뢰하는 유일한 과학자 제이에게 엘딜들이 도구나 기관으로 주변 공기를 조작해서 간접적으로 소리를 낸다는 당신의 이론을 말했습니다. 하지만 그는 그렇게 생각하지 않는 듯했습니다. 그는 엘딜들이 그들의 '말을 듣고 있는' 이들의 귀를 직접 조작할 거라고 생각했습니다. 아주 어려운 이야기로 들립니다……. 물론 우리가 엘딜의 형태나 크기, 그것과 공간(우리의 공간)의 일반적인 관계를 모른다는 점을 기억해야 할 겁니다. 사실 우리가 엘딜들에 대해 아는 게 없다고 계속 주장하려는 사람도 있습니다. 당신처럼 나도 그들의 관계를 지구의 전통에 나타나는 것들—신, 천사, 요정—로 고정시키려 하지 않을 수 없습니다. 하지만 우리에게는 자료가 없습니다. 오야르사에게 우리 기독교의 천사론을 알려 주려 해 봤지만, 그는 우리의 '천사들'을 자신과는 다르게 보는 듯했습니다. 하지만 엘딜들이 다른 종이라는 뜻인지, 특수한 군대 계급이란 것인지는 알 수 없습니다. 늙고 가련한 우리 지구가 우주에서 이프르 묘지(벨기에의 이프르 지방은 1차 세계 대전 격전지로, 주변에 병사들의 묘지가 140군데나 있다—옮긴이)라는 것이 입증되기 때문입니다.

말라칸드라에 착륙하기 직전에 셔터가 고장 났다는 설명을 왜 생략해야 하는지요? 그 설명이 없으면, 지구로 돌아올 때 강한 빛 때문에 우리가 고초를 겪었다는 서술 부분에서 '왜 셔터를 닫지 않았나' 하고 묻게 되는데요. "독자들은 그런 건 눈치 못 챈다"라는 당신의 이론을 나는 믿지 않습니다. 나라면 눈치 챌 겁니다.

당신이 책에 담을 수 있었기를 바라는 두 장면이 있습니다. 내 마음속에는 담겨 있는 장면입니다. 그 가운데 한 장면은 눈을 감으면 늘 내 앞에 있습니다.

한 장면에서 나는 아침 무렵의 말라칸드라의 하늘을 봅니다. 연파란색입니다. 너무 연해서 지구의 하늘에 더 익숙해진 지금은 거의 흰

색으로 떠오릅니다. '나무'라 부를 만한 거대한 잡초의 꼭대기 뒤로
는 검게 보이지만, 눈부신 파란 물 건너 몇 킬로미터 지난 곳에 외따
로 있는 숲은 수채화 같은 보랏빛입니다. 옅은 색의 숲 바닥에 드리
워진 내 주변의 그림자들은 마치 하얀 눈에 드리워진 그림자들 같습
니다. 내 앞에서 걷는 이들이 있습니다. 늘씬하면서도 커다란 형체들
을 보면 검고 말쑥하며 키 큰 사람의 모자들이 살아 움직이는 것 같
습니다. 줄기처럼 생긴 꾸불꾸불한 몸통 위에 크고 둥근 머리통이 얹
어진 모습이 검은 튤립과 비슷합니다. 그들은 노래하면서 호숫가로
내려갑니다. 음악이 숲을 떨림으로 채웁니다. 너무 부드러운 선율이
어서 거의 들리지 않긴 합니다만. 마치 우울한 오르간 곡 같습니다.
일부는 배에 타지만 대부분은 남습니다. 천천히 진행됩니다. 평범한
탑승이 아니라 의식 같습니다. 사실 이것은 흐로스의 장례식입니다.
부축을 받아 배에 오른, 주둥이가 회색인 세 흐로스는 죽으러 멜딜로
른에 가는 길입니다. 이 세계에서는 누구나 때가 와야 죽습니다. 흐
나크라에게 잡히는 드문 경우 외에는 모두 종족에게 주어진 세월을
살다가 죽음을 맞이합니다. 우리가 새 생명의 탄생을 예측할 수 있듯
그들에게는 죽음이 그렇지요. 그들 셋이 올해, 이번 달에 죽으리란
것을 온 마을이 압니다. 이번 주에 죽는 것까지도 쉽게 짐작합니다.
이제 그들은 떠납니다. 오야르사의 마지막 도움을 받아 죽으면, 오야
르사가 몸을 '해체'합니다. 시신들이 시신으로 존재하는 것은 고작
몇 분입니다. 말라칸드라에는 관도, 무덤 파는 교회 지기도, 교회 묘
지나 장의사도 없지요. 그들이 떠날 때 계곡에는 숙연함이 감돌지만

가슴 아린 슬픔의 기미는 보이지 않습니다. 그들은 영생을 의심치 않으며, 동시대인들이 흩어진다고 생각지 않습니다. 그들은 '그들이 태어난 해의 사람들'로 세상에 들어왔듯이, 그렇게 떠납니다. 죽음 전의 두려움도, 죽음 후의 부패도 없습니다.

다른 하나는 밤 장면입니다. 내가 미지근한 호수에서 효이와 멱을 감고 있습니다. 내가 어설프게 헤엄치자 그가 웃음을 터뜨립니다. 중력이 더 큰 세상에 익숙한 나로서는 앞으로 나아갈 만큼 오래 물에 잠기지 못합니다. 그 다음에는 밤하늘이 보입니다. 깊은 곳은 더 깊고 별도 더 밝지만, 지구의 하늘과 비슷합니다. 하지만 서쪽에서 지구에 빗대어 설명할 수 없는 일이 벌어집니다. 확대된 은하수를 상상해 보십시오. 맑은 밤에 가장 큰 망원경으로 보는 은하수 말입니다. 그 다음에는 이런 상상을 해 보십시오. 하늘 꼭대기에 그려진 게 아니라 산꼭대기 뒤로 떠오르는 별무리……눈부신 목걸이 같은 빛들이 빛나며 행성들이 하늘의 5분의 1 지점까지 천천히 오르다가 이제 자신과 지평선 사이에 검은 띠를 남깁니다. 너무 환해서 오래 바라볼 수 없지만, 이것은 준비일 뿐입니다. 다른 것이 다가오고 있습니다. 하란드라에 월출 같은 것이 일어납니다. 효이가 "아히흐라!"라고 외치자 주위의 어둠 속에서 다른 목소리들이 답합니다. 이제 밤의 진정한 왕이 일어나고, 그는 이상한 서쪽 은하수를 누비며 자신의 빛으로 은하수의 빛을 무색하게 합니다. 나는 눈을 돌립니다. 작은 원이 휘영청 밝은 달빛보다도 밝기 때문입니다. 한드라미트 전체가 무색의 빛에 휩싸입니다. 호수 끝에 있는 숲의 줄기들을 헤아릴 수 있습니다. 갈라지고 더러운 내 손톱까지 보입니다. 이제 내가 본 게 무엇인지 짐작해 봅니다. 소행성들 뒤로 떠오르는 목성은 지구에서 본 것보다 4천만 마일 더 가까이 있습니다. 하지만 말라칸드라인들은 '소행성들 안에 있다'고 말할 것입니다. 때로 태양계를 뒤집어서 보는 묘한 습관이 있기 때문입니다. 그들은 소행성들을 '거대한 세상들로 들어서는 문지방 앞의 무희들'이라고 부릅니다. 거대한 세상들은 행성들을 말합니다. 우리라면 소행성들의 '뒤편'이나 '바깥쪽'이라고 말할 것입니다. 글룬단드라(목성)는 이들 중 가장 크고, 말라칸드라인들이 중요하게 여깁니다. 그 까닭은 알 수 없습니다. 목성은 '중심', '위대한 멜딜로른', '왕좌', '잔치'입니다. 물론 그들은 목성에 생물이 살 수 없다는 것을 잘 압니다. 적어도 행성에 사는 동물들은 못 산다는 것을 압니다. 또 그들은 말렐딜이 특정 지역에 거한다는 엉뚱한 생각도 하지 않습니다. 하지만 매우 중요한 인물이나 사물은 목성과 연관이 있습니다. 늘 그렇듯 '세로니라면 알 것'이라고들 합니다. 하지만 그들은 나에게는 말하지 않았습니다. 아마도 내가 당신에게 말한 작가의 가장 멋진 말은 이것일 겁니다. "위대한 아프리카누스('작가'는 기원전 100년 경의 로마 작가이자 웅변가 키케로, '아프리카누스'는 로마의 장군 스키피오를 말한다 —옮긴이)를 가장 잘 표현한 말은, 그가 혼자 있을 때 가장 덜 외로웠다는 말이다. 우리의 철학으로는 이 우주의 틀 가운데 통념상 가장 고독하게 보이는 부분이 가장 고독하지 않다고 할 것이다. 인간과 동물을 빼면 더 뛰어난 생물들이 더 많이 생기기 때문이다."

당신이 오면 더 이야기합시다. 나는 이 주제와 관련된 옛 문헌을 다 읽으려 노력하고 있습니다. 이제 '웨스턴'이 문을 닫았으니, 행성들로 가는 길은 과거를 지나 놓여 있습니다. 공간 여행을 더 하려면 시간 여행도 되어야 하겠지요……!

옮긴이 **공경희**
서울대학교 영문과를 졸업하고 성균관대학교 번역대학원 겸임교수를 역
임했다. 번역 작가로 작업하면서 《침묵의 행성 밖에서》, 《페렐란드라》,
《그 가공할 힘》, 《시간의 모래밭》, 《메디슨 카운티의 다리》, 《모리와 함께
한 화요일》, 《파이 이야기》, 《우리는 사랑일까》, 《행복한 사람, 타샤 튜더》
등을 번역했고, 에세이 《아직도 거기, 머물다》를 썼다.

침묵의 행성 밖에서
Out of the Silent Planet

지은이 C. S. 루이스
지은이 공경희
펴낸곳 주식회사 홍성사
펴낸이 정애주
국효숙 김의연 박혜란 송민규 오민택 임영주 차길환

2009. 3. 13. 양장 1쇄 발행   2016. 10. 31. 양장 5쇄 발행
2021. 6. 15. 무선 1쇄 발쇄   2025. 1. 20. 무선 2쇄 발행

등록번호 제1-499호 1977. 8. 1.
주소 (04084) 서울시 마포구 양화진4길 3
전화 02) 333-5161 팩스 02) 333-5165
홈페이지 hongsungsa.com 이메일 hsbooks@hongsungsa.com
페이스북 facebook.com/hongsungsa
양화진책방 02) 333-5161